FALTPLAN

›› Schreiben Sie uns!

Wir hoffen, dass Ihnen dieser Reiseführer gefällt und er Ihnen ein guter Begleiter auf einer außergewöhnlichen und spannenden Reise ist.

Weil ein Reiseführer von Erfahrungen lebt, sind wir an Ihren Erlebnissen interessiert: Haben Sie im Buch ein Restaurant entdeckt, das es nicht mehr gibt, eine Sehenswürdigkeit, die wir noch nicht aufgeführt haben, oder eine falsche Adresse? Dann schreiben Sie uns!

Wir nehmen jeden Hinweis und jede Kritik ernst und arbeiten kontinuierlich daran, die Bücher aktuell zu halten und immer weiter zu verbessern. Auch wenn wir nicht jeden Wunsch erfüllen können, machen wir uns immer Gedanken über Ihre Anmerkungen.

Schreiben Sie an: info@reise-know-how.de oder Reise Know-How Verlag Peter Rump GmbH, Postfach 140666, 33626 Bielefeld

Wenn sich Ihre Infos direkt auf das Buch beziehen, bitten wir um die Angabe der Seitenzahl und der Auflagennummer bzw. des Erscheinungsjahres. Besonders hilfreiche Beiträge belohnen wir mit einem Sprachführer Ihrer Wahl aus unserer „Kauderwelsch"-Reihe.

Herzlichen Dank und gute Reisen
Ihr Reise Know-How Verlag

Diesem Buch wurde hier ein herausnehmbarer Faltplan be…
Sollte er beim Erwerb des Buches nicht mehr vorhanden sein, …ach.

Liebe Leserin, lieber Leser,

ein unabhängiger Verlag für unabhängig Reisende – das sind wir, der Reise Know-How Verlag aus Bielefeld, eines der letzten Familienunternehmen in der Branche. Obwohl wir zu den größten Reiseführerverlagen Deutschlands gehören, ist der familiäre Umgang miteinander in allen Bereichen des Verlagslebens zu spüren: In der Geschäftsführung in zweiter Generation, in einer wertschätzenden Arbeitsatmosphäre, in der Nähe zu unseren frei arbeitenden Autorinnen und Autoren, im engen Austausch mit unseren Leserinnen und Lesern – und auch in der Zusammenarbeit mit Druckereien in Deutschland, in denen wir ausschließlich und regional unsere Bücher produzieren. Die sollen schließlich erst mit Ihnen auf große Reise gehen.

Alles, was wir in unsere Bücher und Landkarten stecken, soll Ihnen eines ermöglichen: Auf Ihre ganz eigene, individuelle Weise die Welt zu entdecken. Wir wünschen Ihnen viel Freude und unvergessliche Erlebnisse mit diesem Reiseführer.

Es grüßen herzlich
Peter Rump & Wayan Rump

Willkommen auf Guernsey

Guernsey ist nach Jersey die zweitgrößte der Kanalinseln, die in der Nähe der französischen Küste im Westen des Ärmelkanals liegen. Urlauber finden ein besonders mildes Klima und eine üppige Pflanzenwelt vor. Der vorbeiziehende Golfstrom wirkt sich positiv auf das Klima der Inseln aus. Eindrucksvoll und wunderschön sind die Landschaft Guernseys: So trifft man im Norden auf weite Sandstrände, im Süden dagegen beherrscht eine imposante Steilküste die Szenerie. Dazwischen locken immer wieder versteckte Buchten. Hinzu kommen die großen Gezeitenunterschiede. Eine Besonderheit stellt die Insel Lihou 33 dar, die man bei Ebbe zu Fuß erreichen kann.

Überall auf Guernsey gibt es Hinweise auf den französischen Einfluss vergangener Jahrhunderte. Nicht nur die Straßennamen sind auf Französisch geschrieben, auch die leckere Inselküche orientiert sich stark an der Gourmetküche des Nachbarlands. Guernsey lockt mit reizvollen Sehenswürdigkeiten, darunter historische Megalithanlagen und alte Kirchen.

Für Ausflüge bieten sich die kleineren Nachbarinseln Herm, Sark und Alderney (s. S. 57) an, auf denen es einsame Plätze in sagenhafter Natur zu entdecken gibt. Vor allem auf Sark und Alderney lohnt sich eine Übernachtung. Auch das größere Schwestereiland Jersey (s. S. 77) ist ideal für einen Ausflug.

Auf Guernsey verbringt man einen ebenso abwechslungsreichen wie entspannten Urlaub. Auch Aktivurlauber kommen auf ihre Kosten, wenn sie die Insel bzw. ihre Küste zu Fuß, mit dem Fahrrad, auf dem Surfbrett oder im Rahmen einer Kajaktour erkunden (s. S. 93).

Die Autoren

Janina und Markus Meier entdeckten vor einigen Jahre ihre Liebe zu den Landschaften Südenglands. Zuerst erwanderten sie Cornwall, zu dem sie sogleich einen Wanderführer verfassten. Besonders die dramatischen Steilküsten, die grüne Landschaft, das milde Klima und der Genuss von „Cornish cream tea“ begeisterten die beiden.

Die Kanalinseln wirkten auf sie wie die kleinen, entzückenden Geschwister von Cornwall, weshalb sie die Wanderwege der Inseln für einen weiteren Wanderführer erkundeten. Dabei besuchten sie alle Sehenswürdigkeiten und Schönheiten Guernseys und genossen ausgiebig die Inselküche. Die Sonnenuntergänge am Strand unterhalb der Pleinmont-Hochfläche sind unvergessen.

Die beiden aus Bayern stammenden Autoren leben und arbeiten am Fuße der Schwäbischen Alb bei Tübingen. Von ihnen ist im Reise Know-How Verlag auch der InselTrip Jersey erschienen.

064je-ah

Unsere

081gu-as©dbrnjhrj - stock.adobe.com

Saint Peter Port [F3]

Egal ob man die unzähligen Sehenswürdigkeiten besichtigt, in den Candie Gardens 5 entspannt, an Hafen und Castle Cornet 1 entlangschlendert oder in das quirlige Leben der Restaurants und Pubs eintaucht – die wunderschöne Stadt St. Peter Port sollten Besucher ausgiebig und am besten zu Fuß erkunden (s. S. 15)!

073gu-mm

25 Pleinmont-Hochfläche [A5]

Die Hochebene an der Südostecke Guernseys besticht durch ihre herrliche Landschaft und zudem mit einem großartigen Ausblick. Sie ist der ideale Ort, um den Sonnenuntergang zu bewundern, einen gemütlichen Spaziergang zu machen oder eine traumhafte Küstenwanderung zu unternehmen (s. S. 38).

074gu-mm

33 Lihou Island [A4]

Die winzige Insel im Westen Guernseys lässt sich nur bei Niedrigwasser und nur zu Fuß über einen Damm erwandern. Aufgrund ihrer abgeschiedenen Lage ist sie ein Paradies für Vögel. Ein ausgiebiges Bad im natürlichen, frisch gekühlten Venus Pool sollte man sich keinesfalls entgehen lassen (s. S. 43).

082gu-as©eloko67 - stock.adobe.com

Herm [I3]

Die kleine Nachbarinsel ist das perfekte Ausflugsziel für Guernsey-Urlauber und vermittelt ein wenig Karibikfeeling. Man kann das Eiland umwandern, an einem der Traumstrände baden und im Rahmen eines Kajakausflugs mit etwas Glück sogar die niedlichen Papageientaucher beobachten (s. S. 58).

Lieblingsorte

Rocquaine Bay [A–B5]

Bei Ebbe stranden die bunten Fischerboote in der Bucht und liegen wie hingetupft im Watt. Die Rocquaine Bay ist der ideale Ort, um das Spiel der Gezeiten zu beobachten. Ein schönes Plätzchen hierfür ist die Terrasse des The Imperial Hotel. In der Nähe befinden sich mit dem Fort Grey 30 und dem Table des Pions 26 zwei historische Sehenswürdigkeiten (s. S. 38).

083gu-as©dbrnjhrj - stock.adobe.com

14 Little Chapel [D5]

Die Little Chapel macht ihrem Namen alle Ehre, denn sie ist in der Tat eine der kleinsten Kirchen der Welt! Wenn man die bezaubernde Kapelle besucht und ihr reich geschmücktes Inneres bewundert, fühlt man sich beinahe wie im Märchen: Sie ist über und über mit bunten Keramikscherben verziert (s. S. 32).

075gu-mm

22 Le Jaonnet Bay [E6]

Der Zugang zu der Bucht ist nicht ganz einfach und nur bei Ebbe möglich. Es geht steil hinunter, die letzten Meter sogar über eine Leiter. Trotzdem ist der Abstecher einfach grandios. Hier kommt man in den Genuss einer wirklich atemberaubend schönen Bucht, die auch zu einem Sprung ins kühle Nass einlädt (s. S. 35).

077gu-mm

Sark

Bei einem Ausflug auf die Nachbarinsel Sark empfiehlt es sich, eine Übernachtung einzuplanen. Nachts, unter dem Funkeln des Sternenhimmels, stellt sich hier eine geradezu märchenhafte Stimmung ein, denn es gibt keine störenden Lichtquellen wie Straßenlaternen, die die Sicht trüben könnten (s. S. 62).

084gu-as©Elke Kohler/eloko67 - stock.adobe.com

Inhalt

Bewertung der Sehenswürdigkeiten

★★★ nicht verpassen
★★ besonders sehenswert
★ wichtig für speziell interessierte Besucher

Planquadrat im Kartenmaterial

[A1] Orte ohne diese Angabe liegen außerhalb unserer Karten. Ihre Lage kann aber wie die aller Ortsmarken mithilfe der begleitenden Web-App angezeigt werden (s. Anhang).

Updates zum Buch

www.reise-know-how.de/inseltrip/guernsey22

Menhir an der Castel Parish Church 41 (069gu-mm)

Benutzungshinweise

Orientierungssystem

Die in den folgenden Kapiteln beschriebenen Attraktionen sind mit einer **fortlaufenden magentafarbenen Nummer** gekennzeichnet, die sich als Ortsmarke im Faltplan oder Detailplan wiederfindet. Steht die Nummer im Fließtext, verweist sie auf die Beschreibung dieser Attraktion.

Die Angabe in **eckigen Klammern** verweist auf das Planquadrat im Faltplan oder auf den Detailplan. Beispiele:

1 Castle Cornet ★★★ [S. 144]

14 Little Chapel ★★★ [D5]

Alle weiteren Points of Interest wie Unterkünfte, Restaurants oder Cafés sind mit einer Nummer in **spitzen Klammern** versehen. Anhand dieser eindeutigen Nummer können die Orte in unserer speziell aufbereiteten Web-App unter www.reise-know-how.de/inseltrip/guernsey22 lokalisiert werden (s. S. 144). Beispiel:

› **Fermain Tavern** ££ <36>

Beginnen die Points of Interest mit einem **farbigen Quadrat,** so sind sie zusätzlich in den Detailplänen eingezeichnet:

■ **The Hook** ££ <26>

Postleitzahlen

Hinter den Ortsnamen steht in Großbritannien immer die **Postleitzahl,** z. B. GY13AN.

Preiskategorien

Gastronomie

Richtwerte für ein Hauptgericht ohne Getränke:

£	bis £ 10
££	£ 10–20
£££	ab £ 20

Unterkünfte

Richtwerte für ein Doppelzimmer mit Frühstück:

£	bis £ 65
££	£ 65–100
£££	£ 100–175
££££	ab £ 175

Öffnungszeiten in der Gastronomie

Wenn nicht anders angegeben, haben die Lokale täglich geöffnet. Aufgrund der Corona-Pandemie ändern sich die Öffnungszeiten jedoch häufiger, bitte informieren Sie sich daher auf der Website des jeweiligen Lokals oder telefonisch.

Vorwahlen

Die **Vorwahl von Guernsey** entspricht der britischen Ländervorwahl, also **0044,** anschließend wählt man die lokale Rufnummer. Ruft man aus dem Ausland auf der Kanalinsel an, muss man die erste 0 der lokalen Rufnummer weglassen.

070gu-as©Delphine Poggianti/Delphotostock - stock.adobe.com

Guernsey im Überblick

Guernsey und seine Gemeinden

Wenn die **Fähre** den Hafen von Guernsey ansteuert, fallen als Erstes die schmucken Häuser von **St. Peter Port** (s. S. 15) in den Blick. Die **Inselhauptstadt** an der Ostseite der Insel liegt herrlich in einer Bucht und wirkt schon aus der Ferne sehr ansprechend. Straßen und Häuser ziehen sich mehrere Hänge hinauf. Geht man von Bord der Fähre, stellt man schnell fest, dass St. Peter Port in der Tat eine reizende Stadt mit malerischen Gassen, einladenden Lokalen und Kneipen sowie einigen interessanten Sehenswürdigkeiten ist. Vom oberen Bereich des Ortes genießt man eine **wundervolle Aussicht.** Auch ein kleines, gemütliches **Meeresschwimmbad,** die La Valette Bathing Pools 8, nennt St. Peter Port sein Eigen. Sehenswert sind ferner das eindrucksvolle **Castle Cornet** 1 vor der Küste und **Hauteville House** 2, in dem der weltberühmte französische Autor **Victor Hugo** (s. S. 19) einst lebte. Ein Besuch der Inselhauptstadt gehört einfach zum Pflichtprogramm eines Guernsey-Urlaubs – viele bezeichnen St. Peter Port sogar als schönsten Ort der Insel.

Im **Süden Guernseys** gibt es drei Gemeinden *(parishes):* St. Martin, St. Andrew und Forest. **St. Martin** im Südosten beherbergt einen der reizvollsten Küstenabschnitte der Insel mit landschaftlichen Höhepunkten wie der Fermain Bay 17, Jerbourg Point 18, Icart Point 21 – dem südlichsten Punkt der Insel – und weiteren attraktiven Stränden. Auch das Herrenhaus Sausmarez Manor 12 gehört zum Gemeindegebiet.

Im Herzen der Insel befindet sich die Gemeinde **St. Andrew.** Sie besitzt als einzige keinen Küstenbereich. Die bedeutendste Sehenswürdigkeit dieser Region ist Little Chapel 14, eine der kleinsten Kirchen der Welt. Auch ein Besuch des German Underground Hospital 13 ist ein beeindruckendes Erlebnis.

An der Südküste liegt die Gemeinde **Forest.** Der namensgebende Wald ist heute so gut wie verschwunden, dafür nennt die Gemeinde einige bezaubernde Buchten ihr Eigen, ebenso das interessante German Occupation Museum 16. Hier ist ferner Guernseys **Flughafen** (s. S. 124) zu finden.

Die Gemeinden Torteval und St. Peter in the Wood bilden den **westlichen Teil Guernseys. Torteval** ist der südwestlichste Zipfel der Insel. Die Pleinmont-Hochfläche 25 mit ihrer einzigartigen Aussicht ist hier ein besonderer Anziehungspunkt. Interessant ist ferner ein Stippvisite am geheimnisvollen Steinkreis Table des Pions 26 und am benachbarten Fort Pezeries.

St. Peter in the Wood ist eine zweigeteilte Gemeinde: Einerseits gehört die lange Rocquaine Bay [A–B5] an der Westküste dazu, andererseits gibt es einen Abschnitt an der Südküste, der von der Gemeinde Torteval umschlossen ist. Das verwunschene Lihou Island 33 lohnt hier unbedingt einen ausgiebigen Besuch. Auch zwei Forts – Fort Grey 30 und Fort Saumarez 32 – und des Ganggrab Le Creux ès Faïes 31 locken hier.

Die Gemeinden St. Saviour, Castel, St. Sampson und Vale bilden den **Norden Guernseys.** Die sehr ländliche Gemeinde **St. Saviour** schließt unmittelbar an St. Peter in the Wood

Vorseite: Blick auf die felsige Südküste Guernseys

063gu-mm

St. Peter Port (s. S. 15) mit dem Castle Cornet 1 in Hintergrund

an. Im Norden gibt es mit der Perelle Bay [B4] eine felsige Küste, die sich im Gegensatz zu den weiten Stränden von Vale nicht sonderlich zum Baden eignet. Eine besondere Attraktion stellt die mittelalterliche St. Apolline Chapel 35 dar, ebenso ist der Dolmen Le Trépied 36 hier zu finden.

Die Gemeinde **Castel** erstreckt sich im Nordwesten von Guernsey. Sie besitzt die wohl herrlichsten Sandstrände des Eilands. Besonders hervorzuheben sind hier die grandiose Cobo Bay 37 mit dem kleinen Küstenörtchen Cobo und der idyllische Saumarez Park 40.

Nördlich der Inselhauptstadt befindet sich mit **St. Sampson** die zweitgrößte Stadt Guernseys. St. Sampson ist ein vor allem von Industrie geprägter Ort mit Hafenzugang.

Die nördlichste Region auf Guernsey bildet die Gemeinde **Vale.** Hier gibt es große, von Dünen begrenzte Sandstrände, aber auch kleine, intime Buchten. In Vale kann man mit dem Dolmen Le Déhus 43 eine der bedeutendsten Sehenswürdigkeiten der Insel besuchen, zwei weitere **Dolmen** (s. S. 47) sind hier ebenfalls zu finden. Außerdem warten die Ruinen mehrerer geheimnisvoller **Festungsanlagen** (s. S. 52).

Guernsey: eine Kanalinsel mit Geschichte

Guernsey ist nach Jersey die **zweitgrößte der Kanalinseln** und liegt inmitten des **Golfs von St. Malo.** Das Eiland hat eine Fläche von 65 km^2 und zählt über 66.000 Einwohner. Von oben sieht Guernsey aus wie ein **Dreieck**, bei dem Süd- und Ostküste mit knapp 10 km etwa gleich lang sind. Milde Winter und warme, sonnige Sommer erwarten die Besucher hier. Verantwortlich hierfür ist der **Golfstrom**, der aus Guernsey eine fast mediterran anmutende Insel macht. Der Wind bläst durchaus kräftig, sodass Besucher die Kraft der Sonne manchmal unterschätzen. Weil das Klima so vorteilhaft ist, findet man auf Guernsey viele **Gewächshäuser.**

Guernsey steigt von Nord nach Süd an. Eindrucksvoll ragen die Felsen auf der Südseite aus dem Meer – dieser Küstenabschnitt eignet sich optimal für erlebnisreiche **Wanderungen.** Zwischendurch wird die steile Küste von reizvollen Buchten unterbrochen, die allesamt einen Besuch lohnen.

Guernsey ist Eigentum der englischen Krone und als **Bailiwick of Guernsey (Vogtei von Guernsey)** politisch eigenständig. Zur Bailiwick of Guernsey gehören neben der Hauptinsel noch die Inseln Herm, Sark, Alderney, Jethou, Brecqhou, Burhou und Lihou sowie ein paar Eilande und Klippen.

Der **Name** Guernsey ist altnordischen Ursprungs. Die Endung „-ey" bedeutet „Insel". Allerdings ist die Bedeutung von *Guern(s)* noch ungeklärt, möglicherweise wurde es von einem Personennamen abgeleitet. Die Insel trug zuvor bereits andere Namen, beispielsweise *Sarnia* im Lateinischen.

Guernseys **Bewohner** sind auch bekannt als *donkeys*, zu Deutsch Esel. Angeblich seien die Insulaner so stur wie die Lastentiere. Andere meinen, der Name erinnere an die Tatsache, dass Esel die Waren einst vom Hafen über die steilen Straßen von St. Peter Port transportieren mussten.

Auf Guernsey gibt es mehrere **Megalithanlagen,** die eine Besiedelung um 4500 v. Chr. nahelegen. Es gibt Hinweise, dass Kontakte zur römischer Bevölkerung und Kultur bestanden, die erste Siedlung in der Bucht von St. Peter Port geht auf die **römische Zeit** zurück. Im 6. Jh. begann die Christianisierung von Guernsey wahrscheinlich durch den keltischen Missionar **St. Sampson (Samson von Dol).**

Da Guernsey im 13. Jh. den englischen König unterstützte, wurde es in der Folge immer wieder von den Franzosen angegriffen. Deshalb erbaute man auf Guernsey etliche **Verteidigungsanlagen** wie Castle Cornet 1, Vale Castle 42 und Chateau des Marais 10.

Allerdings waren Guernseys Bewohner der **englischen Krone** gegenüber nicht immer loyal, weshalb im Englischen Bürgerkrieg im 17. Jh. zwischen dem königstreuen Gouverneur und der Bevölkerung große Spannungen auftraten. Zu jener Zeit zählte Guernsey etwa 7500 Einwohner, die Bevölkerung wuchs aufgrund des lukrativen Seehandels, Piraterie und Schmuggel rasch an.

Die **deutsche Besatzung** während des Zweiten Weltkriegs bedeutete für Guernsey einen starken Einschnitt. Nach dem Krieg erholte sich die Insel aber schnell wieder, indem die **Finanzindustrie** und **Touristen** nach Guernsey geholt wurden.

Als Zeugen jener dunklen Periode stehen überall auf der Insel **Beobachtungstürme,** die von den Deutschen errichtet wurden. Ein beklemmendes Erlebnis ist der Besuch des **German Underground Hospital** 13. Die unterirdischen Schächte wurden von Zwangsarbeitern erbaut, wobei es viele Tote gab. Die Erinnerung an die Besatzungszeit hat aber keineswegs einen negativen Beigeschmack hinterlassen: Die Insulaner sind Touristen, auch Reisenden aus Deutschland gegenüber sehr freundlich und aufgeschlossen.

064gu-mm

Relikt aus Kriegszeiten: Wachturm auf der Pleinmont-Hochfläche 25

071gu-mm

Inselhopping: Guernseys Nachbarinseln

Wer auf Guernsey zu Gast ist, sollte unbedingt auch den benachbarten Kanalinseln einen Besuch abstatten.

Herm (s. S. 58) liegt östlich von Guernsey. Der Kanal zwischen Guernsey und Herm wird **Little Russell** genannt. Die Häfen beider Inseln liegen in diesem Kanal. Herm lässt sich mit Booten in nur 30 Minuten erreichen und ist daher ein beliebtes Ausflugsziel. Hier kann man ausgiebige Spaziergänge unternehmen, an den Sandstränden auf der Ostseite baden und eine Kajaktour zur Vogelbeobachtung unternehmen. Die benachbarte **Insel Jethou** darf nicht betreten werden.

Etwas mehr als eine Stunde braucht man von Guernsey nach **Sark** (s. S. 62). Der Kanal zwischen Herm und Sark heißt **Great Russell.** Vor allem im Sommer zieht es viele Ausflügler auf das Eiland. Dann kann es im Ort schon etwas trubelig werden. Aber abseits davon gibt es wunderschöne, ruhige Orte, deren Erkundung sehr lohnenswert ist. Besonders beeindruckend ist das Herrenhaus La Seigneurie 51 mit seinem idyllischen Garten und der imposante Damm La Coupée 57, der Sark mit Little Sark 58 verbindet. Das benachbarte **Brecqhou** ist in Privatbesitz und darf nicht besucht werden, man kann jedoch von einem schönen Aussichtspunkt auf der Landzunge Gouliot Headland 53 zur Insel hinüberblicken und die Vogelwelt bewundern.

Alderney (s. S. 70), die nördlichste Kanalinsel, ist etwas weiter von Guernsey entfernt. Sie ist ein echtes Naturparadies. Am einfachsten erreicht man Alderney mit den Fliegern der Fluggesellschaft Aurigny vom Flughafen Guernsey aus. Auch eine Überfahrt mit dem Schiff ist möglich.

Auch die große Schwesterinsel **Jersey** (s. S. 77) ist einen Ausflug wert. Von Guernsey aus kann man mit der Fähre problemlos übersetzen. Auf Jersey gibt es herrliche Strände, Steilküsten, ein Felsenwatt mit Befestigungstürmen und Megalithanlagen im Inselinneren.

Der Leuchtturm von La Corbière 78 auf der Nachbarinsel Jersey

Inselsteckbrief

- **Lage:** im Ärmelkanal in der Bucht von Saint-Malo, nördlich von Jersey, 115 km südlich von Großbritannien und gut 45 km vor der französischen Küste.
- **Fläche und Ausdehnung:** Guernsey umfasst 63,4 km^2. Die maximale Breite beträgt 10 km.
- **Küstenlänge:** 50 km
- **Höchste Erhebung:** Le Moulin auf Sark (114 m)
- **Einwohnerzahl:** 66.697 inkl. Alderney und Sark
- **Hauptstadt:** St. Peter Port mit 18.798 Einwohnern
- **Sprache:** Englisch, Französisch und teilweise Guernésiais, ein normannischer Dialekt
- **Politik und Verwaltung:** Die Insel gehört zur Selbstverwaltung Bailiwick of Guernsey (Vogtei Guernsey) und ist Eigentum der britischen Krone. Das Eiland ist in zwölf Gemeinden („parishes") aufgeteilt, inkl. Alderney und Sark. Es verfügt über eine Ministerialregierung mit dem Lieutenant Governor als De-facto-Staatsoberhaupt in Vertretung der Krone an der Spitze. Guernsey gehört nicht zur Europäischen Union.
- **Wirtschaft:** Wichtigster Wirtschaftszweig der Insel ist der Finanzsektor. Einen bedeutenden Teil zum Bruttoinlandsprodukt trägt auch der Tourismus bei. Die Landwirtschaft ist inzwischen zu vernachlässigen, ungefähr die Hälfte der Inselfläche wird aber landwirtschaftlich genutzt.
- **Flagge:** Erstmals am 15. Februar 1985 gehisst, besteht Guernseys Flagge aus einem roten Georgskreuz mit einem kleineren goldenen Kreuz auf weißem Hintergrund. Man sagt, das goldene Kreuz gehe auf das Banner Wilhelms des Eroberers zurück, das er 1066 in der Schlacht bei Hastings trug.
- **Nationalblume:** Die **Guernseylilie** ist die Nationalblume der Insel. Sie stammt eigentlich vom Kap der Guten Hoffnung in Südafrika und soll im 17. Jh. nach Guernsey eingeführt worden sein.

Auf dem Turm in der L'Ancresse Bay [F1] weht die Flagge Guernseys

085gu-as©davidyoung11111 - stock.adobe.com

Wie die Insel erkunden?

Falls man **mit dem Auto und der Fähre** (s. S. 124) angereist ist, kann man schnell jede Ecke der Insel erreichen. Allerdings sind die Straßen eng und viel befahren, sodass Vorsicht im Straßenverkehr angebracht ist. Dadurch ist man auch etwas langsamer unterwegs, als man es vielleicht von deutschen Landstraßen gewöhnt ist.

Bei der **Anreise mit dem Flugzeug** (s. S. 124) kann man sehr gut auf ein Auto verzichten und alle wichtigen Orte und Sehenswürdigkeiten Guernseys bequem mit dem **Bus** (s. S. 133) erreichen. Das Busnetz auf Guernsey ist sehr gut ausgebaut. Es gibt sogar zwei Ringlinien, die mehrmals täglich die gesamte Insel umrunden. Zentraler Ausgangspunkt aller Buslinien ist der Town Terminus in der Hauptstadt St. Peter Port.

Im Inselinneren von Guernsey gibt es viele verkehrsberuhigte Straßen, die sogenannten **Ruettes Tranquilles** (s. S. 125). Diese laden geradezu zu einer Erkundung mit dem **Fahrrad** ein, da Radfahrer hier – neben Fußgängern und Reitern – Vorrang vor dem motorisierten Verkehr haben. Wir stellen in diesem Reiseführer vier schöne **Radtouren** (s. S. 98) vor. Die eindrucksvolle Südküste entdeckt man am besten **zu Fuß** auf dem landschaftlich reizvollen Küstenpfad. Aber auch andere Ecken lassen sich gut per pedes erkunden. Hierfür werden drei traumhafte **Wanderungen** (s. S. 103) an verschiedenen Küstenabschnitten Guernseys vorgestellt.

086gu as©Arndale - stock.adobe.com

⊳ *Aussicht auf die Kirche und den Hafen von St. Peter Port*

Inselhauptstadt Saint Peter Port

St. Peter Port ist einfach wunderschön. Mit seinen hübschen Häusern, die sich die sanften Hänge hinaufziehen, und seinen beeindruckenden Jachthäfen ist es auf jeden Fall einen Besuch wert.

Nahezu **ein Drittel der Inselbevölkerung** Guernseys lebt hier. An der Ostküste breitet sich die Stadt über die Hügel aus, im Süden befindet sich die wilde Steilküste und im Norden verbinden sich Hafen und Stadt fast unmerklich mit St. Sampson.

Im Zentrum laden die **Fußgängerzone**, einige **Parkanlagen**, aber auch **Geschäfte** zur Erkundung ein, zwischendurch kann man in den zahlreichen **Restaurants und Pubs** eine Pause einlegen. Besonders sehenswert sind die Straßen Le Pollet, High Street, Smith Street und Cornet Street. In **Le Pollet** stehen die Häuser so eng, wie es im 18. Jh. üblich war. Das Best Western Moores Hotel

(s. S. 24) logiert in einem der alten Stadthäuser. Die **High Street** stellt die Haupteinkaufsstraße mit den wichtigsten Geschäften dar. **Cornet Street** lag einst im Zentrum des mittelalterlichen St. Peter Port. Das älteste erhaltene Gebäude ist ein vierstöckiges Haus, in dem sich der National Trust befindet. Im Erdgeschoss kann man ein **Ladengeschäft aus viktorianischer Zeit** (s. S. 18) besuchen.

Die Sehenswürdigkeiten von St. Peter Port erkundet man am besten **zu Fuß**, da die meisten Sehenswürdigkeiten fußläufig erreichbar sind und man so am besten in diese herrliche Stadt eintauchen kann.

Routenverlauf im Stadtplan

Der hier beschriebene Spaziergang ist mit einer farbigen Linie im Stadtplan eingezeichnet.

Rundgang durch St. Peter Port

Nach der Ankunft mit der Fähre spaziert man nach links in Richtung Innenstadt. Dabei kommt man am **Liberation Monument** vorbei, das anlässlich des 50. Jahrestages der Befreiung Guernseys errichtet wurde. Entweder über die St. Julian's Ave oder die kleineren Straßen Le Truchot und Rue de Frênes Hospital Lane erreicht man die **Candie Gardens mit dem Guernsey Museum** 5. Von dort spaziert man zum **Victoria Tower** 6 an der Arsenal Road und dem **Candie Cemetery.** Zurück an der Rue de Frênes Hospital Lane, gelangt man über La Plaiderie in die **Fußgängerzone** The Pollet und High Street. Im Anschluss begibt man sich zur **Town Church.** Dahinter biegt man in die **Cornet Street** ab und kommt zum **Victorian Shop & Parlour** (s. S. 18) im Haus des National Trust. Cornet Street und Hauteville bringen einen zum **Haus von Victor Hugo** 2. Zurück am Viktorianischen Geschäft, spaziert man am Prinz-Albert-Denkmal vorbei und am **Hafen** gen Süden. Über den Castle Pier gelangt man zum **Castle Cornet** 1. Nach der Besichtigung kann man am Hafen entlang vorbei am **Guernsey Information Centre** (s. S. 23) zum Ausgangspunkt zurückflanieren.

087gu-as©ellenamani - stock.adobe.com

1 Castle Cornet ★★★ [S. 144]

In herrlicher Lage thront die Burg in der Hafenbucht von St. Peter Port. Kam man früher nur bei Niedrigwasser zu Fuß zu dem Inselchen, so kann man heute gemütlich über den Castle Pier aus dem 19. Jh. zu ihr hinüberspazieren. Die Burgwälle bieten einen großartigen Ausblick, in der Burganlage selbst gibt es einiges zu entdecken.

Höhepunkt eines Besuchs ist sicherlich das **Kanonengeschütz „Noonday Gun"**, das täglich um 12 Uhr mittags abgefeuert wird. Die Zeremonie wird durch Musik eingeleitet, dann marschieren die Kanoniere herbei. Bereits im frühen 19. Jh. bürgerte sich die Tradition ein und wurde 1923 im Zuge einer Sparmaßnahme eingestellt, um schließlich 1974 wiederbelebt zu werden.

Wehrhafte Mauern: Castle Cornet

Der schmucke Leuchtturm thront an der Spitze des Wellenbrechers am Hafen von St. Peter Port

Auf das Jahr 1204 gehen die **ältesten Teile der Festung** zurück. In jenem Jahr verlor König John die Herrschaft über die Normandie, allerdings behielt er die Kanalinseln, die sich nun gegen die Franzosen verteidigen mussten. Das war auch der Grund, warum Castle Cornet erbaut wurde. Mit der Burg wollte man den geschäftigen Hafen von St. Peter Port schützen. Im September 1338 übernahmen die Franzosen Castle Cornet und konnten es sieben Jahre lang halten, bis es 1345 von den Engländern zurückerobert wurde. Dabei wurde die Festung so stark beschädigt, dass viele Teile neu errichtet werden mussten.

1435 entstand mit dem **Gunners Tower** der erste Turm, der eine Kanone trug. Da im 16. Jh. neue Befestigungen notwendig wurden, bauten die Gouverneure neue Außenwälle um das mittelalterliche Fort und schufen so die Burg, wie man sie heute besichtigen kann.

Als 1642 der Englische Bürgerkrieg ausbrach, erklärte der Gouverneur Sir **Peter Osborne** Guernsey und insbesondere Castle Cornet loyal gegenüber dem englischen König. Die Bevölkerung Guernseys war allerdings anderer Meinung, weshalb es daraufhin immer wieder zu Gefechten und Belagerungen der Burg kam. Castle Cornet war die letzte Hochburg der Königstreuen, die sich schließlich 1651 ergaben.

Von 1661 bis 1670 wurde der General Sir **John Lambert** in der Festung gefangen gehalten. Da er ein passionierter Gärtner war, fügte er der Burg einen **Garten** hinzu.

1672 zerstörte ein Blitz Teile der Festung, darunter die Räume des Gouverneurs **Lord Hatton**, die große Halle und die Kapelle. Diese wurden nicht wieder errichtet. Lord Hatton überlebte zwar, allerdings nicht seine Ehefrau, seine Mutter und fünf weitere Personen. In der Folge lebte kein Gouverneur mehr auf der Burg.

Im 18. Jh. kamen Baracken hinzu: 1745 die **Lower Barracks** für die Artillerie, etwas später die **Upper Barracks** für die Infanterie. Um 1800 befand man die Festung als ungeeignet für die Garnison, als Ersatz erkor man Fort George 9.

Während der **Besatzung** durch die Deutschen von 1940 bis 1945 nannte man die Burg „Stützpunkt Hafenschloss“. Im Zweiten Weltkrieg beherbergte sie eine Flak der Luftwaffe. Um der modernen Kriegsführung gerecht zu werden, wurden in dieser Zeit viele Veränderungen an der Festung vorgenommen. 1947 übergab König George VI. den Insulanern ihr Castle Cornet schließlich als Geschenk.

Jeden Tag um 10.30 Uhr startet eine **geführte Tour** im Außenbereich der Burg.

Die Verbindung von Castle Cornet und dem Stadtkern von St. Peter Port bildet der **Castle Breakwater**, ein **Wellenbrecher.** Er formt einen Arm des Hafens. An seinem Ende steht ein kleiner **Leuchtturm**, an dem gerne geangelt wird. Dieser wurde in den 1820er-Jahren zum Schutz vor einer Invasion napoleonischer Truppen errichtet. Liegt Nebel im Hafen, nimmt Guernsey Port Control den Leuchtturm manuell in Betrieb, dann erklingt alle 15 Sekunden ein Ton. Von einer der Fähren aus ist der Wellenbrecher

MEIN TIPP

Shopping wie zu viktorianischen Zeiten

Entzückende Kleinigkeiten gibt es hier – und obendrein erwartet die Besucher ein **nostalgisches Einkaufserlebnis.** Man fühlt sich in die Vergangenheit von St. Peter Port zurückversetzt. Der **National Trust of Guernsey,** also die Gesellschaft zum Schutz des historischen Erbes, ist Eigentümer und betreibt den Laden. Die Auswahl an Süßigkeiten ist exzellent, auch originelle Mitbringsel und Geschenkartikel bekommt man hier. Das Geschäft wurde kürzlich renoviert und ist nun wieder unter neuer Leitung zugänglich.

■ **Victorian Shop & Parlour** <1> 26 Cornet Street, St. Peter Port GY1 1LF, Tel. 01481 728451, www.nationaltrust.gg/places-to-visit/26-cornet-street-guernseys-unique-victorian-shop-parlour, Mitte April–Mitte Sept. Mo–Sa 10–16 Uhr

001gu-mm

mit dem Leuchtturm ein wirklich **schönes Fotomotiv.** Der Leuchtturm selbst kann nicht besichtigt werden.

› Castle Emplacement, St. Peter Port GY11AU, www.museums.gov.gg/article/101089/Castle-Cornet, Ende Apr.–Anf. Nov. tgl. 10–16 Uhr, Eintritt: Erw. £ 10,50, Kinder £ 3, unter 7 Jahren Eintritt frei

2 Hauteville House (Victor-Hugo-Haus) ★★ [S. 144]

Hier war **Victor Hugo** (s. rechts) während seines Exils zu Hause und schrieb so bedeutende Werke wie „Die Elenden" und „Die Arbeiter des Meeres", auch bekannt als „Das Teufelsschiff". Insgesamt 15 Jahre lang war Victor Hugo auf Guernsey zu Gast.

Um 1800 erbaut, hatte Hauteville House den **Ruf eines Geisterhauses,** bevor Victor Hugo das Gebäude erwarb. Er lebte hier von 1855 bis 1870, kam in späteren Jahren aber für kürzere Aufenthalte zurück. 1927 übergaben seine Nachkommen das Haus an die Stadt Paris.

Die gesamte **Inneneinrichtung** hatte Victor Hugo seinerzeit selbst gestaltet, wofür er fast sechs Jahre benötigte. So ziemlich alles in diesem Gebäude hat eine symbolische Bedeutung. Dazu können Besucher so fantasievolle Einrichtungsdetails wie Stuhllehnen als Wanddekoration, Schalen als Wandfliesen und einige Sinnsprüche entdecken.

Das Haus wurde 2019 renoviert und ist im Sommer im Rahmen von **Führungen** für Besucher geöffnet.

› 38 Hauteville, St. Peter Port GY11DG, Tel. 01481 721911, www.museums.gov.gg/hauteville, Juli/Aug. Di–Fr nur mit Führung (Reservierung notwendig), Eintritt: Erw. £ 10, ermäßigt £ 8, Kinder unter 18 Jahren Eintritt frei

KURZ & KNAPP

Victor Hugo (1802–1885)

Der französische Schriftsteller lebte **20 Jahre im Exil auf den Kanalinseln,** zunächst auf Jersey und später auf Guernsey. Besonders berühmt sind seine Werke „Die Elenden" und „Der Glöckner von Notre-Dame". Während der Herrschaft Napoleons III. wurde er ins Exil verbannt. Nach einem kurzen Aufenthalt in Brüssel zog er 1852 nach Jersey. Er lebte mit seiner Familie in St. Clement, allerdings nur drei Jahre, da man ihn auswies. So zog er weiter nach Guernsey, wo er von 1855 bis 1870 lebte und 1872 für ein Jahr zurückkehrte. Auch seine Familie und einige Freunde zogen mit ihm nach Guernsey. Sogar seine jahrelange Geliebte Juliette Drouet wohnte in einem Gebäude in der Nähe von Hauteville House 2. Die Zeit auf Guernsey gilt als produktivste des Autors. Morgens arbeitete Hugo und nachmittags unternahm er lange Spaziergänge über die Insel. Eine seiner Lieblingsstrecken brachte ihn von St. Peter Port in die Bucht Fermain Bay 17.

3 St. Peter Port Town Church ★ [S. 144]

Anfang des 11. Jh. entstand die Town Church. Wahrscheinlich gab es hier bereits im 8. Jh. ein Gotteshaus. 1466 wurde es vollendet. Die Innengestaltung stammt aus dem frühen 19. Jh. Sehenswert ist das **Old Contemptibles Window,** ein Buntglasfenster von 1975. Im Querschiff nahe der Orgel ist ein **Tierkopf** aus Granit Blickfang, der sowohl einen Löwen als auch ein Schaf darstellt.

› Church Square, St. Peter Port GY12LD, Tel. 01481 720295, www.townchurch.net

◁ *Victorian Shop & Parlor (s. S. 18)*

002gu-mm

4 Guernsey Tapestry Gallery ★ [S. 144]

Die **Wandteppichgalerie von Guernsey** entstand zum Millennium. Sie präsentiert zehn farbenfrohe Wandteppiche, welche die Geschichte Guernseys über die letzten 1000 Jahre illustrieren. Die Teppiche wurden von Mitgliedern aller Gemeinden der Insel gefertigt. Ein **Audioguide**, der auch auf Deutsch angeboten wird, führt unterhaltsam durch die Ausstellung. Es gibt auch einen **Shop.**

› College Street, St. Peter Port GY12NZ, Tel. 01481 727106, www.guernseytapestry.org.gg, Di-Do 11-16 Uhr, Eintritt: Erw. £5, Kinder unter 16 Jahren frei

⌃ *Es grünt so grün in den Candie Gardens*

⌄ *Zum Andenken an Königin Victoria errichtet: der Victoria Tower*

5 Candie Gardens mit Guernsey Museum ★★★ [S. 144]

1871 vermachte die **Familie Priaulx** ihr Anwesen den States of Guernsey, also der Inselverwaltung. Die **Gärten** sind einen Besuch wert, denn hier blühen Pflanzen aus der ganzen Welt. 1896 neu gestaltet, spaziert man heute inmitten von Kamelien, Palmen, Magnolien, Azaleen und Hortensien. Vom höher gelegenen Teil der Gärten genießt man eine **traumhafte Sicht** über den Hafen und den Kanal Little Russell bis zu den Inseln Herm, Jethou und Sark, manchmal sogar bis nach Jersey.

Seit 1914 ehrt ein **Standbild** den Schriftsteller **Victor Hugo** (s. S. 19). Am oberen Ende des Parks steht seit 1897 eine **Statue** zur Erinnerung an die Inthronisierung von **Königin Victoria.**

Das **Guernsey Museum** findet man inmitten der Candie Gardens. Im Museum sind verschiedene **Ausstellun-**

gen zu sehen: Im Abschnitt „Early People of Guernsey" bekommt man einen Einblick in die (Früh-)Geschichte der Insel. Daneben erwarten die Besucher weitere Räume mit Gemälden Kunstgegenständen, Fotografien, Gemälden und Skulpturen, u.a. in der **Rona Cole Art Gallery.**

Ebenso ist die **Priaulx Library** sehenswert, die sich auch in den Candie Gardens befindet. Die Buchsammlung ist im ehemaligen Wohnhaus der Familie beheimatet und umfasst einen umfangreichen Bestand an Publikationen über die Kanalinseln. **Osmond de Beauvoir Priaulx** spendete seine Sammlung und den Familiensitz. Priaulx Library ist ein wunderbarer Ort, um in die Atmosphäre einer **viktorianischen Bibliothek** einzutauchen.

› **Candie Gardens,** Candie Road, St. Peter Port GY11UG, Eingang von der Candie Road, von Sonnenaufgang bis zur Dämmerung geöffnet, Eintritt frei
› **Guernsey Museum,** Tel. 01481 726518, www.museums.gov.gg/gmag, tgl. 10–17 Uhr, im Winter bis 16 Uhr, Eintritt: Erw. £6,50, Kinder £2, unter 7 Jahren Eintritt frei
› **Priaulx Library,** Tel. 01481 721998, www.priaulxlibrary.co.uk, Mo–Sa 10–17, an Feiertagen geschl., Eintritt frei

6 Victoria Tower ★★ [S. 144]

In der Umgebung der Candie Gardens 5 sollte man unbedingt noch dem **Victoria Tower** und dem **Candie Cemetery** einen Besuch abstatten.

Der **Turm** wurde 1848 zum Gedenken an den Aufenthalt von Königin Victoria und Prinz Albert auf der Insel im Jahr 1846 errichtet. Da es der erste Besuch eines regierenden Monarchen auf dem Eiland war, war dies für die Inselbewohner ausgesprochen bedeutsam. Der Turm besteht zum größten Teil aus rotem Granit, der dem Guet-Steinbruch bei Cobo entnommen wurde. Von oben eröffnet sich ein **grandioser Panoramablick,** der über die Kanalinseln zum Teil bis zur französischen Küste reicht.

Der **Friedhof** ist dem berühmten Pariser Friedhof Père Lachaise nachempfunden.

› Arsenal Road, St. Peter Port GY11UG, Friedhof von Sonnenaufgang bis in die Dämmerung geöffnet. Den Schlüssel für eine kostenlose Besichtigung des Turms bekommt man im Guernsey Museum 5 für einen Zeitraum von 30 Min. zur Öffnungszeit des Museums.

003gu-mm

7 La Valette Underground Military Museum ★ [S. 144]

Das Museum befindet sich in einem **Tunnelsystem** unterhalb von Fort George 9. Die Tunnel ließen die Nazis von Zwangsarbeitern aus Osteuropa bauen. Sie dienten den Deutschen während der Besatzung als Treibstofflager. Heute findet man hier **Dokumente aus der Besatzungszeit, Uniformen** und **Waffen**, ferner **Briefe** und **Erinnerungsstücke** von Inselbewohnern, die ins Internierungslager nach Biberach gebracht wurden.

› La Valette, St. Peter Port GY1 1AX, Tel. 01481 723301, www.lavalette.tk, tgl. 13.30–17 Uhr, Eintritt: Erw. £ 6, unter 18 Jahren £ 3,50

8 La Valette Bathing Pools ★★ [S. 144]

1844 wurden die **Badebecken** als Ausgleich dafür gebaut, dass im Zuge der Erweiterung des Hafens von St. Peter Port die Strände der Stadt aufgegeben werden mussten. Die Pools sind in sehr gutem Zustand und bieten sich für ein **sicheres Bad im Meerwasser** an. Bei Hochwasser füllen sich die künstlichen Becken. Die Becken und die **Umkleidekabinen** wurden vor einigen Jahren renoviert, auch **Toiletten** sind vorhanden. Es gibt **vier Bademöglichkeiten**, deren Namen auf die viktorianische Zeit zurückgehen: Ladie's Pool, Gent's Pool, Children's Pool und Horseshoe Pool.

› La Valette, St. Peter Port GY1 1AX, rund um die Uhr geöffnet, Eintritt frei, Baden auf eigene Gefahr

9 Fort George und Clarence Battery ★ [S. 144]

Oberhalb der Küste von St. Peter Port thronen die **Überreste** von Fort George. Eine steile **Treppe** führt über die Felsenküste hinauf. Von der Festung genießt man einen **fantastischen Ausblick** über St. Peter Port, Little Russell und Castle Cornet 1 bis nach Herm.

Einen Teil des Forts bildet die gut erhaltene **Clarence Battery**, die sich direkt oberhalb der La Valette Bathing Pools 8 erhebt und auf das Jahr 1870 zurückgeht. Sie diente als wichtigstes Frühwarnsystem während der Französischen Revolution.

Im **Zweiten Weltkrieg** wurde das Fort von den deutschen Besatzern übernommen und mit einer Radarüberwachung ausgestattet.

› Les Terres Point, beide rund um die Uhr geöffnet, Eintritt frei

Erfrischendes Badevergnügen: die Bathing Pools von La Valette

004gu-mm

MEIN TIPP

Ausflug zum Bluebell Wood

Am südlichen Ende von St. Peter Port erstreckt sich das Waldgebiet **Bluebell Wood** [F5]. Im Frühjahr verwandelt sich der Waldboden in einen **Teppich aus blauen Blumen,** denn hier wächst das **Atlantische Hasenglöckchen** – ein wunderbarer Ort für eine **Wanderung** in der Natur.

Man startet an den **La Valette Bathing Pools** 8 und steigt über die Treppe nach oben. Alternativ fährt man mit dem **Bus 95** von St. Peter Port bis zur Haltestelle Fort George und beginnt die Wanderung hier. Nach dem Besuch der Festung geht es steil bergauf und dann hinunter in den Wald. Hier blühen im Frühjahr die Blumen und bieten einen atemberaubenden Anblick. Einige der Bereiche sind zwar abgezäunt, man kann die bunten Blüten aber trotzdem bewundern. Wer möchte, kann die Wanderung noch bis zur **Fermain Bay** 17 fortsetzen.

10 Chateau des Marais ★ [F3]

Am **nördlichen Stadtrand** von St. Peter Port steht das Chateau des Marais, oder, wie es die Einheimischen nennen, **Ivy Castle.** Das Wort *marais* bedeutet so viel wie „Sumpf“, *chateau* wird in Guernsey als „Haus“ (eigentlich franz. „Schloss“) übersetzt.

Im frühen 13. Jh. erbaute man Chateau des Marais als befestigten **Rückzugsort bei Piratenangriffen.** Das Gebäude lag auf einem Hügel, dessen oberen Bereich man abflachte. Ein Graben wurde ausgehoben und die Erde dafür genutzt, die inneren und äußeren Verteidigungsanlagen zu erhöhen und zu nivellieren. Weiter außen errichtete man Rundmauern auf trocken gelegtem Sumpfland. Rund 20 bis 30 Jahre lang fungierte Chateau des Marais als Hauptverteidigungsanlage auf Guernsey. Allerdings begann man 1250 mit der Errichtung des Castle Cornet 1 und so verlor das Chateau des Marais an Bedeutung. In der Folge verfiel es und **Efeu** überwucherte es – so erhielt es seinen neuen Spitznamen: Ivy Castle („Efeuschloss“).

Die **deutschen Besatzer** bauten einen **Bunker** innerhalb der inneren Verteidungsmauern und zerstörten dabei viel von der alten Struktur. In den 1970er-Jahren wurde die Anlage renoviert. Heute lässt sich innerhalb der alten, fast gespenstisch wirkenden Mauern der Anlage ein Spaziergang unternehmen.

› Ivy Castle Lane, St. Peter Port GY12HX, www.museums.gov.gg/castles, rund um die Uhr geöffnet, Eintritt frei

Strände vor Ort

St. Peter Port hat selbst keine empfehlenswerten Strände zum Baden. Wer gerne schwimmt, sollte dem Meeresschwimmbad **La Valette Bathing Pools** 8 einen Besuch abstatten.

Infos und Reisetipps

- **Guernsey Information Centre** <2> North Esplanade, St. Peter Port GY12LQ, Tel. +44 (0)1481 723552, www.visitguernsey.com/see-and-do/things-to-do/guernsey-information-centre, Sommer Mo–Fr 9–15, Sa/So 10–14 Uhr, Winter Mo–Fr 10–16, Sa 10–13 Uhr. Hier bekommt man kostenlose Karten und Infobroschüren zu den Inseln. Weiterer Service: Hilfe und Unterstützung für Besucher, Buchungsservice für Unterkünfte, Fahrradverleih, Fährtickets für Herm, Busfahrkarten, Postkarten und Briefmarken, Geschenkartikel und Souvenirs.

Unterkünfte

- **Best Western Hotel de Havelet** £££ <3> Le Pollet, St. Peter Port GY11WH, Tel. 01481 722199, www.dehaveletguernsey.com. Das Viersternehotel zählt zu den etablierten Herbergen der Insel. Es residiert in einem historischen Haus und ist umgeben von einem schönen Garten. Das Hotel besticht durch seine aussichtsreiche Lage über St. Peter Port mit fantastischem Blick auf den Hafen, Castle Cornet und die benachbarten Inseln. Die Zimmer sind gemütlich und modern eingerichtet.
- **Best Western Moores Hotel** ££ <4> Le Pollet, St. Peter Port GY11WH, Tel. 01481 724452, www.mooresguernsey.com. Das Hotel steht im Zentrum von St. Peter Port, in wenigen Minuten ist man an der Strandpromenade. Es logiert in einem alten Stadthaus, das früher der Familie Sausmarez gehörte. Es gibt geräumige Zimmer mit einem tollen Frühstück. Angeschlossen ist das Café Hideaway (s. S. 25).
- **Duke of Normandie Hotel** ££ <5> Lefebvre Street, St. Peter Port GY12JP, Tel. 01481 721431, www.dukeofnormandie.com. Das Hotel befindet sich sehr zentral an der Fußgängerzone, nur wenige Gehminuten vom Town Terminus. Die behaglichen Zimmer verteilen sich ruhig um einen Innenhof herum. Morgens wird ein gutes englisches Frühstück serviert.
- › **El Tabora Guest House** £ <6> Foulon Road, St. Peter Port GY11YS, Tel. 01481 721341, www.eltabora.com. Gemütliches Guesthouse mit charmanten, nostalgisch eingerichteten Zimmern und freundlichen Gastgebern. Sehr leckeres Frühstück. Gut gelegen für Ausflüge in die Umgebung.
- **Les Rocquettes** £££ <7> Les Gravées, St. Peter Port GY11RN, Tel. 01481 722146, www.lesrocquettesguernsey.com. Am Stadtrand befindet sich dieses ehemalige Landhaus, das bereits 1765 erbaut wurde. Angeschlossen ist das exzellente The Oak Restaurant (s. S. 26). Entspannen können die Besucher in Bars und Lounges, im Hallenbad mit Whirlpool und in der Sauna. Schöne, elegante Zimmer.
- **The Old Government House Hotel & Spa** ££££ <8> St. Ann's Place, St. Peter Port GY12NU, Tel. 01481 724921, www.theoghhotel.com. Das „OGH", wie das Hotel auch genannt wird, war ursprünglich die Residenz des Gouverneurs. Heute ist es ein schmuckes Luxushotel, in dem man üppig dekorierte Zimmer vorfindet. Im Curry Room genießt man authentische indische Küche, in The Brasserie geht es eher locker zu. Im Wellnessbereich des Hotels gibt es einen Außenpool, einen Whirlpool, eine Sauna und ein Dampfbad. Fünf Minuten zu Fuß vom historischen Zentrum entfernt, ist das OGH einfach perfekt gelegen.
- **Ziggurat** £££ <9> 5 Constitution Steps, St. Peter Port GY12PN, Tel. 01481 723008, www.hotelziggurat.com. Das Boutiquehotel steht im Zentrum von St. Peter Port. Es bietet eine besondere Atmosphäre und man kommt mit Menschen aus der ganzen Welt ins Gespräch. Die kleinen Zimmer sind designed, um sich wohlzufühlen. Schon von außen mutet das Hotel marokkanisch an. Am Eingang begrüßt eine lebensgroße Skulptur der Göttin Ischtar die Gäste. Im Innenbereich erinnert das Dekor an Häuser aus Arabien. Im zugehörigen Restaurant genießt man von Dienstag bis Samstag arabische Köstlichkeiten.

Meeresfrüchte sind auf Guernsey sehr beliebt

Essen und Trinken

› **Beetons Baristas and Bites (Chip Shop)** £ <10> La Pitronnerie Road, St. Peter Port GY12RG, Tel. 01481 715175. Mit Preisen ausgezeichneter Imbiss, der neben dem traditionellen Fish and Chips auch weitere Gerichte anbietet. Leckerer Barista-Kaffee.

› **China Red** ££ <11> 34 St. George's Esplanade, St. Peter Port GY12BG, Tel. 01481 723888, www.chinared.gg, Mo geschl. Restaurant für Liebhaber chinesischer Küche in ruhiger, fernöstlicher Atmosphäre. Sehr freundlicher Service. Gute Auswahl vegetarischer Vorspeisen und Gerichte.

■ **Christies** ££ <12> 43 The Pollet, St. Peter Port GY11WQ, Tel. 01481 726624, www.thechristiesgroup.gg/christies, So geschl. Gemütliche Brasserie mit köstlichen Speisen vom Frühstück bis zum Abendessen. Abends gibt es hier Livemusik – dann entwickelt sich das Christies zu einem beliebten Treffpunkt.

■ **COCO Mini Brasserie** £ <13> South Esplanade, St. Peter Port GY11AN, Tel. 01481 725632, www.cocoguernsey.co, www.facebook.com/CocoBrasserie, So geschl. Moderne französische Brasserie, besonders leckeres und günstiges Frühstück.

■ **Da Nello** £££ <14> 46 Le Pollet, St. Peter Port GY11WF, Tel. 01481 721552, www.danello.gg. Ausgezeichnetes italienisches Restaurant in einem 200 Jahre alten Inn. Es empfiehlt sich, mit den Pastagerichten zu starten und dann noch eine Hauptspeise zu genießen.

■ **Harbour Lights** ££ <15> South Esplanade, St. Peter Port GY11AH, Tel. 01481 720450, www.liberationgroup.com/pubs/harbour-lights, So geschl. Traditioneller Pub mit sehr entspannter Atmosphäre und wechselnder Speisekarte.

› **Hideaway** ££, im Best Western Moores Hotel (s. S. 24), www.mooresguernsey.com/Patisserie.html, So geschl. Hier gibt es den vielleicht besten Kuchen ganz Guernseys, oft auch österreichische Spezialitäten. Ab 14 Uhr wird typischer Afternoon Tea serviert, bestehend aus Gurken- und Lachssandwiches, Scones mit Marmelade und Guernsey-Sahne sowie einer Auswahl leckerer Kuchen und Törtchen. Dazu trinkt man Tee oder Kaffee.

■ **Le Nautique** £££ <16> Quay Steps, St. Peter Port GY12LE, Tel. 01481 721714, www.lenautiquerestaurant.co.uk, So geschl. Das empfehlenswerte Seafood-Restaurant ist bekannt für frische Gerichte quasi direkt aus dem Meer. Es wird von einem deutschen Koch betrieben, der in Top-Restaurants in Deutschland und der Schweiz tätig war. Es gibt auch ein vegetarisches Menü.

■ **Mora** £££ <17> The Quay, St. Peter Port GY12LE, Tel. 01481 715053, http://mora.gg, Mo geschl. Ob zum Mittag, zum Abendessen oder nur für einen Barbesuch – hier ist man immer goldrichtig und genießt Leckeres vom Grill oder aus dem Meer.

090gu-as©inmaculada davies/EyeEm - stock.adobe.com

- **Octopus Bar and Restaurant** £ <18> Havelet Bay, St. Peter Port GY1 1AX, Tel. 01481 722400, www.octopusgsy.co.uk, Di/Mi geschl. Das Restaurant befindet sich direkt an der Küste mit Sicht auf Castle Cornet. Ausgesprochen schmackhaftes Essen, schwerpunktmäßig Fisch und Meeresfrüchte.
- **Old Quarter Restaurant** £££ <19> Mansell Street, St. Peter Port GY1 1HP, Tel. 01481 727268, www.oldquarter.co.uk, So geschl. Kleines, gemütliches Lokal, in dem schnörkellose Gerichte mit irischem Touch zur Wahl stehen.
- **Petit Bistro** ££ <20> 56 Lower Pollet, St. Peter Port GY1 1WF, Tel. 01481 725055, www.petitbistro.co.uk, So/Mo geschl. Empfehlenswertes französisches Lokal in Hafennähe. Gute Speisen- und Weinauswahl.
- **Pier 17** ££ <21> Albert Pier, St. Peter Port GY1 1AD, Tel. 01481 720823, www.pier17restaurant.com, So/Mo geschl. Das Restaurant steht direkt am Albert Pier und überzeugt mit einer großartigen Aussicht aufs Wasser. Hier gibt es feine Gerichte aus dem Meer für die ganze Familie.
- **Red Grill House** £££ <22> 61 Le Pollet, St. Peter Port GY1 1WL, Tel. 01481 700299, Facebook: RedGrillHouse, So geschl. Passionierte Weinkenner und echte Fleischliebhaber sind hier am Werk. Daher sollte man unbedingt einkehren – nicht nur für eine Zwischenmahlzeit.
- **The Cock and Bull** ££ <23> 2 Lower Hauteville, St. Peter Port GY1 1LL, Tel. 01481 722660, www.cockandbullguernsey.com, So geschl. Das Cock and Bull ist einer der beliebtesten Pubs auf Guernsey, der auch von Einheimischen sehr gern besucht wird. Große Auswahl von Real Ales.
- **The Crow's Nest** ££ <24> Victoria Pier, St. Peter Port GY1 2NB, Tel. 01481 728994, www.liberationgroup.com/pubs/the-crow-s-nest, So–Di geschl. Gemütlicher Pub mit leckerem Pub Food wie Fish and Chips und Burger sowie einfachen Fischgerichten.
- › **The Doghouse** £ <25> Rohais, St. Peter Port GY1 1YW, Tel. 01481 721302, www.doghouse.gg. Wer einen schönen Platz für ein Abendessen sucht, ist hier genau richtig. Beste Livemusik bei schmackhaften Weinen und Cocktails.
- **The Hook** ££ <26> North Plantation, St. Peter Port GY1 2LQ, Tel. 01481 701373, www.thehook.gg, So/Mo geschl, manchmal sonntags Brunch und Barbecue 10–16 Uhr. Guernseys angesagte Sushibar mit Fisch- und Steakrestaurant erwartet die Besucher an der Uferpromenade mit perfektem Blick über Victoria Harbour. Sushi gibt es auch frisch zubereitet zum Mitnehmen. Preiswerter Mittagstisch.
- › **The Oak Restaurant** £££, im Hotel Les Rocquettes (s. S. 24), www.lesrocquettesguernsey.com/Oak_Restaurant.html. Das ausgezeichnete Restaurant bietet eine gute Speisenauswahl, basierend auf lokalen Zutaten, darunter auch einige vegetarische Gerichte.
- **The Plough Inn** ££ <27> 24 Vauvert, St. Peter Port GY1 1NQ, Tel. 01481 720599. Beliebter, familienfreundlicher Pub in der Stadt mit typischen Pub-Gerichten wie Fish and Chips und Burger.
- **Thomas de la Rue** ££ <28> Le Pollet, St. Peter Port GY1 1WG, Tel. 01481 714990, www.liberationgroup.com/pubs/thomas-de-la-rue. Der Pub in der Nähe des Hafens mit hervorragendem Ausblick bietet Bowls und Burger sowie modernes Pub Food.

In der High Street von St. Peter Port kann man herrlich bummeln und so manches Andenken erstehen

Einkaufen

Rund um die **High Street** in St. Peter Port finden sich viele Geschäfte für tolle Shoppingerlebnisse. Die historischen Gebäude beherbergen Läden jeglicher Art, vorwiegend bieten sie jedoch **Schmuck und Bekleidung** an.

Im **Altstadtviertel** rund um **Mill und Mansell Street** lassen sich diverse Boutiquen und Kunsthandwerksläden besuchen. Diese Gegend bietet sich ebenfalls für einen **Einkaufsbummel** an.

Da es auf Guernsey **keine Mehrwertsteuer** gibt, sind viele Produkte hier recht günstig. Somit lohnt sich ein Shoppingausflug nach St. Peter Port durchaus. Vielleicht gönnt man sich sogar einen ganzen Einkaufstag und begibt sich vor Ort auf die Suche nach Mitbringseln für seine Lieben daheim.

- ■ **Ben Le Prevost Chocolatier** <29> 14 Mill Street, St. Peter Port GY11HQ, Tel. 01481 713504, www.benleprevostchocolatier.com, So geschlossen. In diesem Shop kann man vorzügliche Pralinen kaufen. Ben, der Inhaber, lernte sein Handwerk auf der anderen Seite des Kanals. Dadurch gibt es verschiedene abwechslungsreiche und ausgesprochen leckere Geschmacksrichtungen.
- ■ **Iris & Dora** <30> The Studio Ruette Braye, St. Peter Port GY11PL, Tel. 01481 721375, www.irisanddora.gg, Mo geschlossen. Kleines, familiengeführtes Atelier, Kreativwerkstatt, in der man Kurse buchen kann, und netter Souvenirladen für z. B. Keramik, Textilprodukte, Schmuck und Kunsthandwerk.
- › **Victorian Shop & Parlour** (s. S. 18). In diesem urigen Laden kann man einkaufen wie zu Zeiten von Queen Victoria. Hier werden Süßschnäbel fündig und es gibt jede Menge originelle Deko- und Geschenkartikel.

005gu-mm

Nachtleben

In vielen Lokalen gibt es abends **Livemusik,** beispielsweise im Christies (s. S. 25) und im The Doghouse (s. S. 26). Weitere Tipps:

- ■ **Fusion Nightclub** <31> 54 Lower Pollet, St. Peter Port GY11WF, www.fusion.gg, nur am Wochenende. Beliebter Klub mit zwei Tanzflächen und guter Musik.
- ■ **Les Folies d'Amour** <32> North Plantation, St. Peter Port GY12LH, https://foliesdamour.com, nur am Wochenende. Großer Klub, der allerdings auch ziemlich teuer ist.
- › **Red Grill House** (s. S. 26), Cocktailbar, So geschl. Sehr schöne Location mit guter Musik. Leckere Cocktails.

006gu-mm

Der Süden

Der Süden ist eine ausgesprochen romantische Region. Besonders die **Steilküste** begeistert immer wieder mit ihrem dramatischen und zauberhaften Ausblick. Wunderschöne **Küstenpfade** führen durch die Ginsterfelder mit beeindruckender Sicht auf das Meer. Der Süden ist aber auch das **Land der Bauern.** Hier gibt es zahlreiche alte Höfe mit Granithäusern, weite Felder und Gewächshäuser. Im Rahmen von **Radtour 3** (s. S. 100) lässt sich der Südosten Guernseys näher erkunden, **Wanderung 1** (s. S. 103) führt an der Südküste entlang.

Saint Martin

Im Südosten von Guernsey gelegen, nennt die Gemeinde St. Martin den wohl schönsten Küstenabschnitt der Insel ihr Eigen. Herrliche Spazierrouten führen über traumhafte Straßen in Richtung Icart Point 21.

Hier in der Gemeinde befindet sich die **St. Martin's Parish Church** 11 mit dem verwunschenen Menhir **Gran'mère du Chimquière.** Auch **Sausmarez Manor** 12 kann man einen Besuch abstatten.

Bei einem Ausflug nach St. Martin sollte man eine **Wanderung auf dem Küstenpfad** nicht verpassen. Die Steilküste ist teils bewaldet, dann wieder steht man mitten in blumenübersäten und farnbewachsenen Hängen. Fantastische Felsformationen ziehen die Besucher in den Bann, ebenso wie die malerischen Buchten. Unbedingt sollte man die großartige **Fermain Bay** 17 besuchen, die schon **Victor Hugo** (s. S. 19) begeisterte. Bei Ebbe entsteht hier ein windgeschütztes Badeparadies.

Vom südlichsten Punkt Guernseys, **Icart Point,** kann man ebenfalls zu einer Wanderung aufbrechen. In beide Richtungen, also nach Osten und nach Westen, führt der Pfad durch eine grandiose Landschaft.

Die im Buch beschriebene **Radtour 2** (s. S. 99) führt von der Nordküste bis zum Icart Point.

⊡ *Unterwegs an Guernseys Südküste mit ihren vielen Buchten*

11 St. Martin's Parish Church ★★ [E5]

Am Eingang zum **Friedhof** der Parish Church steht der berühmte Menhir **Gran'mère du Chimquière** („Großmutter des Friedhofs"), eine Erd- oder Muttergottheit. Der Menhir (s. rechts) stammt aus zwei Epochen: Vor 1800 v. Chr. bearbeitete man den 1,50 m hohen Granitstein zu einer weiblich anmutenden Figur mit Brüsten, verschränkten Armen und einem Gürtel. Um 200 bis 300 n. Chr. kamen verstärkte Gesichtslinien, Locken um das Gesicht und ein Mantelumhang hinzu. Bis heute opfert man hier Münzen, Blumensträuße und Blumenkränze, um für Fruchtbarkeit und Glück zu bitten. Ursprünglich stand die Statue nahe am Kirchenportal, aber ein eifriger Kirchenvorsteher entschied, dass man die Statue zerstören müsse, weil sie Kirchgänger ablenkte. So wurde sie entzweigeschlagen. Da die Gemeinde jedoch lautstark ihre Empörung kundtat, wurde die Skulptur wieder repariert und am heutigen Standort aufgebaut.

Die **Kirche** selbst stammt aus dem 11. Jh. Bevor die Kirche errichtet wurde, entsprangen an diesem Ort **zwei Quellen.** Der Quelle **La Fontaine de la Bellouse** sagte man nach, dass sie Krankheiten heile. Die St. Martin's Parish Church wurde entsprechend **St. Martin de la Bellouse** genannt. Lange diente sie als **Familienkirche der Sausmarez** (s. S. 30). Im Inneren des Gotteshauses sind **Gedenktafeln** der Angehörigen angebracht.

› La Grande Rue, St. Martin GY46RR, www.stmartinschurch.gg

KURZ & KNAPP

Menhire

Das Wort stammt aus dem Bretonischen und bedeutet „Langer Stein". Diese einzelnen, senkrecht aufgestellten, riesigen Steine entstanden ab 3000 v. Chr. zu einer Zeit, in der vermutlich soziale und religiöse Veränderungen stattfanden. Menhire dienten mutmaßlich kalenderbezogenen, also sonnenstandsbezogenen Kultzwecken.

12 Sausmarez Manor ★★ [F5]

Sausmarez Manor beherbergt den Sitz der **Familie Sausmarez** (s. S. 30). Das **Herrenhaus** geht auf einen ersten Bau aus dem 13. Jh. zurück, von dem nur noch wenige Überreste vorhanden sind. Im 16. Jh. gelangte der Besitz an die Familie Andros, nachdem George Sausmarez ohne Erbe gestorben war. John Andros ließ ein **zweites Gebäude**

007gu-mm

☒ *Der Menhir Gran'mère du Chimquière, im Hintergrund die St. Martin's Parish Church*

KURZ & KNAPP

Familie Sausmarez

Die Familie (auch Saumarez) kam ursprünglich aus **Skandinavien** und siedelte zunächst in der Normandie. 200 Jahre später zogen Nachfahren nach Jersey und um 1200 nach Guernsey. Immer wieder nahmen Mitglieder der Familie bedeutende Positionen in Guernsey und außerhalb ein. Im 16. und 17. Jh. wurden einige der Nachkommen **Tuchhändler** auf den französischen Märkten. **Michel de Sausmarez** besaß Mitte des 17. Jh. ein Geschäft für Wollwaren und Strümpfe in Paris, in dem sogar Mitglieder des Königshauses einkauften. Allerdings schwenkte die Mode auf Seide um, was sein Geschäft ruinierte. Sein Sohn **Matthew** heiratete 1705 eine reiche Nichte von Sir Edward de Carteret. Er war einer der ersten, der geschäftsmäßig Freibeuterei betrieb. Sein Sohn **Philip** erbeutete mit der Royal Navy ein bedeutendes spanisches Handelsschiff und hinterließ seinem Bruder **John** genug Geld, um das Herrenhaus 12 zurückzukaufen. Einer der Neffen war **James Saumarez** (1757–1836), der ein berühmter Admiral und Baron wurde und Mitglied von Nelsons legendärer „Band of Brothers“ war.

im Tudorstil aufbauen. Zu Beginn des 18. Jh. ließ Sir **Edmund Andros** die Fassade des Herrenhauses im **Queen-Anne-Stil** umgestalten. Andros hatte einige wichtige Ämter inne: Er war zu verschiedenen Zeiten Lieutenant Governor und Vogt von Guernsey, Lord von Alderney sowie Governor von North Carolina, Massachusetts, Virginia, New England, New Jersey und New Plymouth. Er war auch für den neuen, bis heute gültigen Namen des damaligen New Amsterdam verantwortlich: New York.

Mitte des 18. Jh. konnte die Familie Sausmarez das Gebäude wieder zurückkaufen. Danach folgten umfangreiche Veränderungen. Unter **John de Sausmarez** entstanden die Tore zur Sausmarez Road und die bemerkenswerte **Eingangshalle.** Das Haus wird auch heute noch von der Familie bewohnt und kann im Rahmen von **Führungen** besichtigt werden. Besonders hervorhebenswert sind die **Geistertouren:** Der Seigneur **Peter de Sausmarez** bringt dabei die Geister des Hauses zum Vorschein, von denen einige bis zu 800 Jahre alt sind! Zusätzlich erläutert er die Geschichte des Herrenhauses und der Insel. Eine weitere Spezialführung ist die **Guernsey Literary and Potato Peel Pie Society Tour,** bei der man die Stationen des berühmten Romans (s. S. 128) im Herrenhaus besucht.

Rund um das Haus erstreckt sich ein prächtiger **Garten.** Hier kann man einen sehenswerten **Skulpturenpark** mit 200 Werken von Künstlern aus aller Welt sowie einen Garten mit Teich besichtigen. Zwischen Bambus, Kamelien, Palmen und Rhododendronbüschen lässt sich ein erholsamer Spaziergang unternehmen. Auch ein kleiner **Minizug** verkehrt hier.

Ein **Tea Room** bietet eine gemütliche Einkehrmöglichkeit, hier werden selbst gemachter Kuchen und Tee in idyllischer Atmosphäre neben dem kleinen See serviert.

Von April bis Okt. findet jeden Samstagvormittag zwischen 9 und 12 Uhr im Sausmarez Park ein **Farmers Market** statt (Nov.–März zieht er ins Gemeindezentrum von St. Martin um). Der Markt für regionales Gemüse und Fleisch wie Rind oder Lamm, Kuchen, Marmeladen und Chutneys, Bücher und Strickwaren, Pflanzen und vieles mehr lohnt einen Besuch.

MEIN TIPP

Gin-Reise im Bella Luce

Im Hotel **Bella Luce** (s. S. 36), das nicht weit von Sausmarez Manor ⓬ entfernt ist, wird **Wheadon's Gin** gebrannt. Hier kann man jede Menge über Gin und dessen Genuss lernen und sogar einen eigenen Gin kreieren.

- Route de Sausmarez, St. Martin GY46SG, Tel. 01481 235571, www.sausmarezmanor.co.uk, Gärten tgl. 10–17 Uhr, Touren tel. nach Voranmeldung, Termine tel. oder per E-Mail erfragen (s. Website), Herrenhaus-Tour: Erw. £ 7,50, Kinder £ 5,50, Eintritt Garten u. Skulpturenpark: Erw. £ 6,50, Kinder £ 5,50
- **Minizug,** in Schulferien tgl., sonst Sa/So 10–16.30 Uhr, Erw. £ 2, Kinder £ 1,50
- **Tea Room,** Ostern–Ende Okt. tgl. 10–17 Uhr

Essen und Trinken

- **The Captains** ££ <33> Mare Denis, St. Martin GY46EF, Tel. 01481 238990, www.thecaptainshotel.co.uk, Mo geschl. Gutes, bei den Einheimischen sehr beliebtes Restaurant mit typischem Pub Food. Neben verschiedenen Fleischgerichten sind besonders die Fischspeisen eine Empfehlung.
- **The Queens Inn** ££ <34> La Grande Rue, St. Martin GY46AA, Tel. 01481 238398, www.thequeensinn.gg. Empfehlenswertes Restaurant mit gehobenem Pub Food. Neben gemütlichen Sitzmöglichkeiten im Restaurant gibt es auch einen schönen Außenbereich.

Saint Andrew

Die **Gemeinde** St. Andrew liegt im **südöstlichen, inneren Teil** von Guernsey. Als einzige Gemeinde besitzt sie keinen direkten Küstenzugang. Der westliche Bereich von St. Andrew ist eher ländlich geprägt, im östlichen Teil geht es in die Stadt St. Peter Port über. Hier befindet sich die **Little Chapel** ⓮ als herausragende Sehenswürdigkeit. Auch das **German Underground Hospital** ⓭ ist Teil von St. Andrew.

⓭ German Underground Hospital ★★ [D5]

Unweit der Little Chapel ⓮ befindet sich das **Deutsche Untergrundhospital.** Die unterirdischen Schächte wurden von **Zwangsarbeitern** geschaffen, von denen viele bei der Arbeit zu Tode kamen. Der Bau diente den deutschen Besatzern für drei Monate als Krankenhaus für Verwundete. Als die Alliierten in der Normandie landeten, hatte man Angst vor einem Angriff auf die Kanalinseln. Nach sechs Wochen, als sich abzeichnete, dass es keinen Angriff geben würde,

008gu-mm

Beklemmende Atmosphäre: die dunklen Gänge des German Underground Hospital

wurden die Patienten wieder nach draußen gebracht. Heute geht man durch viele **leere Gänge und Räume.** Die Atmosphäre ist beängstigend, immer wieder tropft es von der Decke und die Dunkelheit sorgt für beklemmende Gefühle.

› La Vassalerie, St. Andrew GY68XL, Tel. 01481 235261, www.germanundergroundhospital.co.uk, April/Okt. Fr–Mo 10–16 Uhr, Mai.–Sept. tgl. 10–16 Uhr, letzter Einlass jeweils um 15 Uhr, Eintritt: Erw. £4,40, Kinder £2,50

14 Little Chapel ★★★ [D5]

Little Chapel, eine der kleinsten Kirchen der Welt, zählt zweifellos zu den beliebtesten Touristenzielen auf Guernsey. Ein Blickfang ist sie vor allem, weil sie kunstvoll mit Porzellanscherben, Muscheln und Steinen verziert ist.

Ein Mitglied der **De-La-Salle-Bruderschaft** namens Déodat kam 1904 nach Guernsey und fand Gefallen an dem Tal. Im Jahr 1914 begann er mit dem Bau der Kirche. Er riss sie allerdings gleich wieder ab, da sie zum Gegenstand heftiger Kritik wurde. Danach baute er das Gotteshaus erneut auf, zerstörte es jedoch 1923 abermals, als der Bischof von Portsmouth bei einer großen Messe nicht aufrecht darin stehen konnte. Die Kirche, wie man sie heute vorfindet, stammt aus dem Jahre 1925. 1939 kehrte Bruder Déodat nach Frankreich zurück und Bruder Cephas übernahm die Pflege der kleinen Kapelle. Bis 1965 dekorierte er weiter an dem kleinen Gebäude. 1977 gründete man ein Komitee für den Erhalt der Kapelle, heute kümmert sich eine Stiftung namens The Little Chapel Foundation um sie.

› Les Vauxbelets, St. Andrew GY68XY, Mai–Sept. tgl. 9–18, Okt.–April 9 Uhr bis Sonnenuntergang, Eintritt frei, Spenden zum Erhalt der Kirche erwünscht

Forest

Die **Gemeinde** Forest ist in der **Mitte der Südküste** gelegen, einem der wohl schönsten Abschnitte von Guernseys Küste. Aufgrund ihres Namens wird vermutet, dass das Gebiet früher waldreicher war als heute. Wer mit dem Flugzeug anreist, kommt in Forest an, denn der **Flughafen** (s. S. 124) befindet sich im Norden der Gemeinde.

009gu-mm

› **Le Gouffre Café and Restaurant** ££ <35> Le Gouffre, Forest GY80BN, Tel. 01481 264121, auf Facebook, Mo geschl. Sehr schönes Restaurant mit frischen und leckeren Speisen. Reizvolle Aussicht.

15 Forest Parish Church ★ [D5]

Die zweischiffige **Pfarrkirche Sainte-Marguerite de la Forêt** steht unweit der Hauptstraße. Die Kirche wurde im Jahr 1048 erstmals erwähnt. Vermutlich stand aber schon vorher ein Bau an dieser Stelle. Der älteste Teil der Kirche ist das östliche Ende des Südschiffes. Hier befindet sich heute die Orgel. Der **Glockenturm** wurde später hinzugefügt. Seine Bauweise mit vier kleinen Spitztürmchen an der Basis ist typisch für die Kirchtürme auf Guernsey.

› Le Bourg de Haut, Le Bourg GY80BF, www.churchofengland.org.gg/churches/forest, frei zugänglich

16 German Occupation Museum ★ [D5]

Das Museum findet sich südlich der Forest Parish Church 15. Es widmet sich dem Alltag der Inselbewohner während der **deutschen Besatzung** im Zweiten Weltkrieg. Diese Zeit wird anhand von Fotoalben, Dokumenten, Zeitungsausschnitten, Waffen, Alltagsgegenständen und Dioramen lebendig. Sogar eine ganze Straßenszene wurde nachgestellt. Das Museum besitzt einen **Garten**, in dem Tee serviert wird.

› Les Houards, Forest GY80GB, Tel. 01481 238205, www.germanoccupationmuseum.co.uk, April–Okt. Mo–Sa 10–13, So 10–16 Uhr, Nov.–März tgl. 10–13 Uhr, Eintritt: Erw. £ 6, Kinder £ 3

◁ Bezauberndes Kleinod: die Little Chapel

Buchten und Aussichtspunkte im Süden

17 Fermain Bay ★★★ [F5]

Fermain Bay liegt an der **Ostküste** Guernseys in der Gemeinde St. Martin. Sie gehört zu den reizvollsten Buchten der Insel, liegt relativ geschützt und ist einfach zu erreichen. Bei Ebbe bildet sich hier ein **windgeschütztes Badeparadies** mit **Sand- und Kiesstrand.** Das kristallklare Wasser lädt zu einem Bad ein. Auch **Victor Hugo** (s. S. 19) zog es oft in die idyllische Bucht hinab.

Der **Zugang** zur Fermain Bay erfolgt durch ein bewaldetes Tal, das von einem Bach durchflossen ist. In der Bucht gibt es ein einladendes **Café,** das sich für eine kleine Pause eignet – hier kann man die Seele baumeln lassen. Außerdem stehen öffentliche **Toiletten** bereit.

Im Süden der Bucht kann man bei Ebbe die **Höhle Le Grand Creux** entdecken.

› **Fermain Tavern** ££ <36> Fort Road, St. Peter Port GY11ZW, Tel. 01481 238064, www.fermaintavern.com. Gemütlicher Pub, in dem es neben gutem Essen auch Livemusik gibt.

18 Jerbourg Point ★ [F6]

Der Jerbourg Point an der **Südostspitze** von Guernsey bietet eine **fantastische Panoramasicht.**

Bereits im Neolithikum lebten hier Menschen. Um 1800 wurde **La Moye Battery** als Teil der Verteidigungsanlage gegen die Franzosen errichtet. Auf der Ostseite blickt man hinüber zu den Nachbarinseln Herm und Sark und den Kanal Little Russel. Wechselt man auf die Südseite, fasziniert der Ausblick auf die eindrucksvolle Südküste.

Auch die deutschen Besatzer hatten den strategischen Vorteil dieser Lage erkannt und hier die **Batterie Strassburg** erbaut. Die Gefechtstürme wurden nach dem Krieg abgerissen und die Schießscharten zugemörtelt. Heute dient ein Teil der Anlage angeblich als Lager für das Hotel in der Nähe. Einige Beobachtungsbunker, die Teil der Batterie waren, gibt es noch heute.

Am Parkplatz bietet ein **Kiosk** Erfrischungen, es gibt auch **Toiletten.** Abends kann man wunderbar auf einer der **Bänke** Platz nehmen und dort den **Sonnenuntergang** genießen. Hier befindet sich auch das **Hotel Jerbourg** (s. S. 37), das sich für eine Übernachtung oder eine Einkehr anbietet.

19 Moulin Huet Bay ★★ [F5]

Zwischen Jerbourg Point 18 und Icart Point 21 erstreckt sich die Moulin Huet Bay. Es ist die **östlichste Bucht an der Südküste.** Sie beeindruckt durch ihre besondere Schönheit und zeichnet sich durch flache, türkisfarbene Gewässer fast wie in der Karibik und eine **atemberaubende Aussicht** auf die Klippen aus. Ganz oben am Beginn des Pfads zum Strand befinden sich öffentliche **Toiletten.**

Nicht nur **Victor Hugo** (s. S. 19) war regelmäßig hier, auch **Auguste Renoir** (1841–1919). Er schuf einen Großteil seiner Guernsey-Bilder in der Moulin Huet Bay. Der berühmte **Maler des Impressionismus** besuchte 1883 sowohl Guernsey als auch die Nachbarinsel Jersey. Dabei entstanden 18 Ölgemälde, die lichtdurchflutete Küstenlandschaften zeigen und heute in Ausstellungshäusern in der ganzen Welt zu sehen sind.

Der **Name** der Bucht geht auf eine Wassermühle zurück, die bis ins 19. Jh. hier stand.

Wanderung 2 (s. S. 104) führt von der Inselhauptstadt in die Moulin Huet Bay.

› **Moulin Huet Tea Room** ££ <37> Rue du Moulin Huet, St. Martin GY46EJ, Tel. 07781 4648258, www.facebook.com/moulinhuet2016, Di geschl. Netter Kiosk mit einigen Sitzmöglichkeiten im Freien. Schon der Ausblick ist einmalig, während man sich seinen Cream Tea schmecken lässt.

20 Saint's Bay ★★ [E6]

Westlich der Moulin Huet Bay 19 schließt sich die Saint's Bay an. Dabei handelt es sich um eine kleine Bucht mit einem malerischen, geschützt liegenden **Sand- und Kiesstrand.** Von hier genießt man einen

010gu-mm

wunderbaren Blick auf die Moulin Huet Bay.

Für Erfrischungen sorgt ein nahe gelegener **Kiosk.** Direkt am Strand befinden sich **Toiletten.**

In der Bucht steht mit dem Saints Tower der **14. Wehrturm** (s. rechts) Guernseys. Er lässt sich nur von außen besichtigen.

21 Icart Point ★★ [E6]

Von Jerbourg Point 18 führt ein aussichtsreicher **Klippenweg** oberhalb von Moulin Huet Bay 19 und Saint's Bay 20 zum Icart Point, dem **südlichsten Punkt Guernseys.** Icart Point thront ca. 100 Meter über dem Meeresspiegel. Die **Aussicht** ist wirklich beeindruckend. Für den Küstenweg benötigt man gutes Schuhwerk. Am Icart Point gibt es **Aussichtsbänke,** von denen man den Blick entlang der wunderschönen Südküste entweder nach Osten oder nach Westen schweifen lassen kann. Am **Parkplatz** erinnert ein **Gedenkstein** an den schiefgegangenen Überfall eines britischen Kommandos, als Guernsey von den Nazis besetzt war. **Toiletten** stehen zur Verfügung.

22 Le Jaonnet Bay ★★★ [E6]

Le Jaonnet Bay ist eine wirklich traumhafte Bucht. Sie liegt eingerahmt von Felsen und ist dadurch **sehr geschützt.** Am einfachsten erreicht man die Bucht vom Icart Point 21 aus, hier kann man seinen Wagen parken. Der **Abstieg** über den Küstenpfad ist steil und anstrengend. Der Weg führt in vielen Serpentinen hinab zum Wasser, zum Schluss wird es immer steiler und eine Trep-

◁ Türkisblaues Meer: Sicht auf die pittoreske Moulin Huet Bay

Guernseys Wehrtürme

Auf Guernsey gab es früher insgesamt 15 Wehrtürme, von den heute noch zwölf stehen. Auf Englisch nennt man sie „loophole towers". Sie sind rund, aus lokalem Granit errichtet und besitzen Schießscharten in alle Richtungen. Die Wehrtürme dienten der Verteidigung gegen potenzielle Angriffe der Franzosen. Als Frankreich 1775 beim Ausbruch des Amerikanischen Unabhängigkeitskrieges ein Alliierter der Amerikaner wurde, erneuerte sich der Konflikt zwischen Frankreich und England. Da die Kanalinseln loyal zur englischen Krone standen, befürchteten sie eine Invasion und errichteten die Verteidigungstürme ab dem Jahr 1778.

Guernseys Wehrtürme erinnern im Aussehen an die sogenannten **Martello-Türme,** die unter anderem auf der Nachbarinsel Jersey stehen, sind jedoch vor jenen entstanden. Gelegentlich werden sie daher auch als „falsche" Martello-Türme bezeichnet. Tatsächlich gibt es auf Guernsey nur drei „echte" Martello-Türme, die allesamt um das Jahr 1804 errichtet wurden.

Doch woher stammt eigentlich der Name „Martello-Turm"? Als Vorbild diente vermutlich ein Turm auf Korsika, der beinahe die Einnahme der Insel durch die Engländer verhindert hatte. „Martello" ist eine Verunstaltung des Wortes Mortella, da besagter Turm am Kap Mortella auf Korsika stand. Die Briten benötigten ganze drei Tage, um diesen zu erobern. Eine andere Theorie besagt, der Name ginge auf die italienischen Torre de Martello zurück, die als Beobachtungsposten gegen Piratenangriffe errichtet worden waren.

pe bringt die Besucher zu einer **Leiter.** Danach balanciert man über wackelige, rutschige Blöcke und erreicht schließlich den sagenhaften Sandstrand.

Allerdings kann man hier **nur bei Ebbe** hinuntersteigen. Dann ist der Strand aber wie gemacht für einen entspannten, mehrstündigen Aufenthalt. Das ruhige Wasser lädt zum ausgiebigen Baden ein. Meistens ist es hier auch ziemlich einsam, dafür besitzt die Bucht **keinerlei Infrastruktur.**

23 Petit Bôt Bay ★★ [D5]

Die Petit Bôt Bay ist eine hübsche, kleine Bucht südlich von Forest. Zwei kleine Straßen führen in die Bay hinunter, die auch gut für Familien mit **Kindern** geeignet ist. **Bei Ebbe** kommt ein **Sandstrand** zum Vorschein, an dem man herrlich baden kann, ansonsten gibt es hier auch Kies. Bei Flut ist die Bucht überschwemmt und somit nicht zugänglich. Es gibt öffentliche **Toiletten.** An der Petit Bôt Bay steht **Wehrturm Nr. 13** (s. S. 35).

Über eine steile Treppe gelangt man an den Strand von Le Jaonnet Bay 22 – und auch wieder zurück

Strände im Süden

Die Strände des Südens liegen teilweise unter dem Meeresspiegel, sodass man dort nur **bei Ebbe** baden kann. Die oben beschriebenen **Buchten an der Südküste** sind allesamt wunderbar zum Baden geeignet. Besonders empfehlenswert sind die Fermain Bay 17, die Moulin Huet Bay 19 und die Saint's Bay 20.

Der Strand **Petit Port** [F5–6] liegt in einer idyllischen, sandigen Bucht mit traumhafter Landschaft. Er befindet sich zwischen Jerbourg Point 18 und Mulin Huet Bay. Den Zugang zum Strand muss man sich jedoch erkämpfen, vor allem der Rückweg ist eine Herausforderung, denn das Meer ist nur über eine Treppe mit 270 Stufen erreichbar. Bei Ebbe ist Petit Port ideal zum Baden. Es gibt allerdings keine Infrastruktur.

Unterkünfte

› **Bella Luce** ££££ <38> La Fosse, St. Martin GY46EB, Tel. 01481 238764, https://bellalucehotel.com. Das Hotel ist das einzige auf den Kanalinseln mit eigener Gin-Marke. Es logiert in einem normannischen Herrenhaus unweit von Guernseys beeindruckender Südküste. In wenigen

Minuten erreicht man zu Fuß die malerische Moulin Huet Bay. Jedes der klassisch eingerichteten Zimmer wurde individuell designed und passt perfekt zum Ambiente des Hotels. Alle Zimmer verfügen über ein eigens gestaltetes Bad. Im hoteleigenen Spa lässt es sich hervorragend relaxen.

› **Fermain Valley Hotel** ££££ <39> Fermain Lane, St. Peter Port GY11ZZ, Tel. 01481 235666, www.fermainvalley.com. Oberhalb von Fermain Bay steht dieses reizende Viersternehotel mit geräumigen Zimmern, das in einem ehemaligen Landhaus residiert. Zur Unterkunft gehört ein empfehlenswertes Restaurant.

› **Hotel Jerbourg** £££ <40> Route de Jerbourg, St. Martin GY46BJ, Tel. 01481 238826, www.hoteljerbourg.com. Das Hotel steht an der Küste ganz im Südosten Guernseys. Von einigen der modern gestalteten Zimmer genießt man einen schönen Panoramablick aufs Meer. Es gibt einen Swimmingpool, ein gutes Restaurant und ein Café. Wer hier nicht übernachten möchte, für den lohnt sich vielleicht ein Ausflug, um einen Kaffee oder Tee zu trinken und dabei die schöne Aussicht zu genießen.

› **La Barbarie Hotel** ££ <41> Saints Bay Road, St. Martin GY46ES, Tel. 01481 235217, www.labarbariehotel.com. Das gemütliche, familiengeführte Hotel befindet sich in der Gemeinde St. Martin in der Nähe des Küstenwanderwegs unweit von Icart Point und der Saint's Bay. Die Zimmer sind gediegen und komfortabel eingerichtet. Der beheizte Pool lädt zum Schwimmen ein.

› **La Villette Hotel** ££ <42> La Villette, St. Martin GY46QG, Tel. 01481 235292, http://lavillettehotel.co.uk. Empfehlenswertes Hotel in einem Georgianischen Haus mit hübscher Gartenanlage und eigenem Spa. Zum Hotel gehört auch ein gutes Restaurant. Die Zimmer sind geräumig und klassisch dekoriert.

› **Le Douit** ££ <43> Les Traudes, St. Martin GY46AL, Tel. 01481 237491, www.selfcatering.gg/properties/le-douit. Gemütliche Apartments in den ehemaligen Stallgebäuden des Hofes. Sehr sauber und gut ausgestattet. Gute Lage, die Südküste mit den wichtigsten Stränden ist schnell erreichbar.

› **Les Douvres Hotel** ££ <44> La Fosse, St. Martin GY46ER, Tel. 01481 238731, www.lesdouvres.com. Schönes, behagliches Hotel mit netten Zimmern in St. Martin. Im Erdgeschoss ist ein gemütlicher Pub untergebracht, in dem jeden Freitag Livemusik gespielt wird.

› **Saints Bay Hotel** ££ <45> Icart Point, St. Martin GY46JG, Tel. 01481 238888, www.saintsbayhotel.com. Einladendes Dreisternehotel in toller Lage oberhalb der Saint's Bay. In wenigen Minuten ist man vom Hotel am Icart Point und genießt eine tolle Aussicht auf die Küste. Die Zimmer sind hell und zweckmäßig gestaltet. Es gibt auch Familienzimmer und einen beheizten Pool.

Einkaufen

› **Catherine Best** <46> The Mill, Steam Mill Lane, St. Martin GY46XE, Tel. 1481237771, www.catherinebest.com. Catherine Best ist ein Familienunternehmen, das unverwechselbaren Schmuck, von Ketten und Ringen bis zu Broschen und Anhängern, herstellt. Ein Besuch des Showrooms in der Mühle von St. Martin ist ausgesprochen lohnenswert.

› **Martyn Guille Silversmiths** <47> Les Vauxbellets, St. Andrew GY68XY, Tel. 1481 236161, www.martynguille.com, So geschl. Martyn Guille ist eine traditionelle Silberschmiede. Hier werden maßgeschneidertes Besteck und Schmuck sowie Gravuren und Reparaturen angefertigt. Zu den beliebtesten Stücken gehören Taufbecher und die Guernsey-Dose.

Der Westen

Der Westen ist geprägt von der langgezogenen **Rocquaine Bay** [A–B5]. Sie ist die längste Bucht Guernseys und diente bis zum Bau des Flughafens als erster Flugzeuglandeplatz. Hier steht **Fort Grey** 30, das heute ein Museum beherbergt. Südlich der Bucht erstreckt sich die **Pleinmont-Hochfläche** 25, eine bezaubernde Landschaft mit einmaligem Panoramablick auf das Meer und den vor der Küste stehenden **Leuchtturm Les Hanois** 27. Die Hochebene wird im Rahmen von **Radtour 4** (s. S. 101) durchquert.

Ganz im Nordwesten liegt die **Insel Lihou** 33, ein Eldorado für Vögel mit dem natürlichen **Venus Pool** (s. S. 44), in dem man sich unbedingt erfrischen sollte. Das kleine Eiland ist allerdings nur bei Ebbe zu Fuß zu erreichen, ein ausgehängter Plan zeigt die Übergangszeiten an.

Torteval

Am **südwestlichsten Zipfel Guernseys** befindet sich die Gemeinde Torteval. Hier bildet die Landschaft ein Hochplateau, das **Pleinmont Headland** 25, das zu allen Seiten steil abfällt. Im Norden schließt die **Portelet Bay** [A5] an die Pleinmont-Hochebene an. An der Spitze der Halbinsel steht eine ebenso eindrucksvolle wie rätselhafte Steinkonstruktion im Gelände, der **Table des Pions** 26.

24 Torteval Church ★ [B5]

Die Pfarrkirche von Torteval stammt aus dem 19. Jh. Auffällig ist der **runde Kirchturm**, der für Guernsey eher unüblich ist. In ihm schlägt die **älteste Glocke der Insel.** Die hellen Fenster stammen aus dem 20. Jh. Die Kirche lässt sich besichtigen, der Turm selbst allerdings nicht.

Jedes Jahr im Juli oder August organisiert die Kirchengemeinde das **Torteval Scarecrow Festival**, das Vogelscheuchenfestival (s. S. 113).

› Rue de Belle, Torteval GY8 0LN, www.churchofengland.org.gg/churches/torteval

25 Pleinmont-Hochfläche ★★★ [A5]

Wenn die Sonne scheint und einem der Wind um die Nase pfeift, erlebt man hier oben eine einzigartig wilde, ursprüngliche Atmosphäre – vor allem im Frühjahr, wenn der Ginster blüht und die Landschaft in strahlendem Gelb leuchtet.

Die Pleinmont-Hochfläche, auch bekannt als **Pleinmont Headland** (Pleinmont-Landzunge), liegt im Südwesten Guernseys. Die Hochebene fällt zu allen Seiten steil ab und bietet deshalb eine **sagenhafte Aussicht** auf das Meer. Ein großer Teil der Hochfläche ist heute ein **Naturreservat,** das Pleinmont Nature Reserve.

Von den deutschen Besatzern wurden hier im Zweiten Weltkrieg zahlreiche Geschützstellungen gebaut. Der fünfstöckige **Pleinmont Observation Tower** steht noch heute und kann besichtigt werden. Das Beobachtungsfernrohr befindet sich nach wie vor im Turm und ist funktionstüchtig.

Von der Hochfläche aus kann man gut auf den **Leuchtturm Les Hanois** 27 blicken, der sich vor der Küste im Wasser befindet. Unweit des Pleinmont Towers gibt es einen **Parkplatz.** Von diesem erreicht man in wenigen Minuten eine **Bank,** die einen über-

Der Leuchtturm Les Hanois steht vor der Küste mitten im Meer

wältigenden Blick auf das Meer und den Leuchtturm bietet. Hier kann man gemütlich sitzen und einen traumhaften **Sonnenuntergang** genießen.

Südwestlich des Parkplatzes sieht man die Überreste von jenem **Haunted House (Spukhaus)**, das **Victor Hugo** (s. S. 19) in seinem Roman „Die Arbeiter des Meeres" erwähnte.

Die im Buch näher beschriebene **Wanderung 1** (s. S. 103) führt am Naturreservat vorbei.

› **Pleinmont Observation Tower,** Buslinien 61, 91 und 94, So 14–16.30 Uhr, Eintritt: Erw. £ 3, Kinder £ 1,50

26 Table des Pions und Fort Pezeries ★★ [A5]

An der Nordseite der Pleinmont-Hochfläche 25 fällt das Gelände zum Meer hin ab. Hier befindet sich der **Table des Pions**, was so viel wie **„Steintisch"** heißt. Bei den Einheimischen wird der Table des Pions häufig als **Fairy Ring („Feenring")** bezeichnet, weil er der Sage nach mit Feen, Hexen und Elfen verbunden ist. Seinen Namen erhielt der **Steinkreis** allerdings erst im Jahr 1837, als Arbeiter, die jährlich die Straßen nach Schäden abliefen, hier eine Pause einlegten. Wenn man den Kreis dreimal umrundet und dabei einen Wunsch aufsagt, erfüllt sich dieser – so will es jedenfalls der Aberglaube. Bis heute gibt der seltsame Steinkreis Forschern Rätsel auf, da sein Ursprung nicht geklärt ist.

Unweit des mysteriösen „Steintischs" steht das **Fort Pezeries.** Diese Befestigungsanlage besteht seit 1680. Doch schon vorher stand an dieser Stelle vermutlich eine Burg. Bis 1842 war das Fort verfallen, danach wurde es aber wieder hergestellt. **Drei 18-Pfund-Kanonen** ragen über die Rocquaine Bay und Guernseys Südwestküste hinaus. Von hier aus schaut man gen Westen zum **Leuchtturm Les Hanois 27**. Das Fort ist frei zugänglich.

› Buslinien 11, 91 und 111

MEIN TIPP

Cocktail auf der Terrasse des Hotel Imperial

The Imperial Hotel (s. S. 45) befindet sich am **Südende der Rocquaine Bay** [A–B5]. Hier kann man nach einer Ausflugstour gemütlich auf der großen Terrasse sitzen und sich einen leckeren Cocktail gönnen. Besonders schön ist es, wenn die Sonne dabei langsam im Meer versinkt.

27 Leuchtturm Les Hanois ★ [A5]

Der Hanois-Leuchtturm steht auf einem **Felsen im Meer** vor der **Südwestküste Guernseys.** Er wurde ab 1860 gebaut und 1862 in Betrieb genommen. Auslöser für seine Konstruktion war ein Schiffsunglück im Jahr 1807, bei dem ein Lotsenschiff nach erfolgreicher Rettungsaktion unterging. Bis 1995 war der Leuchtturm, als letzter auf den Britischen Inseln, bemannt. Seit 1996 ist er automatisiert, sodass hier niemand mehr für die Wache benötigt wird. Heute besitzt er eine Solaranlage. Der Leuchtturm lässt sich nur aus der Ferne betrachten und ist ein **ideales Fotomotiv.**

089gu-as©Ruth P. Peterkin - stock.adobe.com

Saint Peter in the Wood

Die **Gemeinde** St. Peter in the Wood, auf Französisch **St. Pierre du Bois,** erstreckt sich über weite Teile der Westküste mit der Rocquaine Bay. Auch ein Abschnitt an der Südküste gehört zur Gemeinde. Vom namensgebenden Wald ist heute nichts mehr vorhanden. Zur Gemeinde zählen das **Fort Grey mit dem Shipwreck Museum** 30, das **Fort Saumarez** 32, die **Insel Lihou** 33 und das **Ganggrab Le Creux ès Faïes** 31. Weiter im Inselinneren finden sich die **St. Peter's Parish Church** 28 und der geheimnisvolle **Menhir La Longue Pierre** 29.

› **The Longfrie Inn** ££ (s. S. 45), Mo geschl. Typisch britische Kneipe mit gutem Pub Food, das auch Zimmer anbietet. Mit großem Garten, in dem man bei schönem Wetter sitzen kann.

28 St. Peter's Parish Church ★ [C5]

Die **Pfarrkirche** von St. Peter in the Wood steht an einem Hang und ist umgeben von einem Friedhof. Erstmals wurde sie im 11. Jh. urkundlich erwähnt. Der heutige Bau stammt aus dem 14. bzw. 15. Jh. Ein **vorchristlicher Menhir** (s. S. 29) wurde an der Nordostecke waagrecht in die Kirchenmauer integriert. Eine Besonderheit ist, dass der **Boden** der Kirche aufgrund der Hanglage eine **Neigung** von fast zwei Metern aufweist.

› Rue de L'Église, St. Pierre du Bois GY79SD, Tel. 07781 177177, www.stpeterschurchguernsey.co.uk

29 Menhir La Longue Pierre ★ [B5]

Auf einem **privaten Feld** westlich der Route des Paysans steht der Menhir La Longue Pierre („Der Lange Stein"), auch **La Longue Rocque** genannt. Er ist 3,50 Meter hoch und einen weiteren Meter unter der Erdoberfläche tief. Damit ist er der **größte verbliebene Menhir** auf Guernsey (zum Begriff des Menhirs s. S. 29). Die Herkunft konnte bis heute nicht geklärt werden. Forscher nehmen an, dass er zwischen 3000 und 1500 v. Chr. errichtet worden ist.

30 Fort Grey mit Shipwreck Museum ★★ [B5]

1803 ließ der Gouverneur von Guernsey, **John Doyle** (1756–1834), auf einem Felsen in der Rocquaine Bay einen **Martello-Turm** (s. S. 35) erbauen. Die Reste einer verfallenen Burg, die zuvor an diesem Ort stand, wurden entfernt. 1804 kamen eine **Umfassungsmauer** und ein **Pulvermagazin** dazu. Das innere Magazin wurde 1809 gebaut. Zu dieser Zeit gelangte man nur mit einer Leiter über die Umfassungsmauer ins Innere des Forts.

Gouverneur Doyle benannte den Turm nach dem Vater des damaligen Gouverneurs, **Charles Grey** (1729–1897). Nun ist das Fort im Besitz der States of Guernsey. Im Zweiten Weltkrieg wurde der Turm von den Deutschen besetzt.

Heute beherbergt die Festung das **Fort Grey Shipwreck Museum**, das 1975 eingerichtet wurde. Es veranschaulicht die Geschichte vieler Schiffsunglücke, die sich rund um Guernsey ereignet haben. Die starken und schwer einzuschätzenden Strömungen rund um die Kanalinseln in Verbindung mit den großen Gezeitenunterschieden (s. S. 118) ließen in der Vergangenheit viele Schiffe verunglücken. Mehr als 100 Schiffsunfälle wurden zwischen 1734 und 1974 dokumentiert. Teilweise sind die Katastrophen einzeln dargestellt. Dabei wird der gesamte Unfallhergang beschrieben.

013gu-mm

› Rue de la Lague, St. Pierre du Bois GY79BY, Tel. 01481 265036, www.museums.gov.gg/article/101090/Fort-Grey, Mitte/Ende März–Nov. tgl. 10–16 Uhr, Eintritt: Erw. £ 4, Kinder £ 1,50, Ticketverkauf im Shop und Café Guernsey Pearl auf der gegenüberliegenden Straßenseite

31 Ganggrab Le Creux ès Faïes ★[B4]

In der Nähe des Parkplatzes nördlich der Rocquaine Bay entdeckt man ein **Ganggrab** (Passage Tomb, s. S. 47) mit einer Länge von neun und einer Höhe von zwei Metern. Es wurde zwischen 3000 und 2500 v. Chr. errichtet. Freigelegt wurde das Grab 1840. Dabei fand man auch Grabbeigaben wie Töpferwaren und Pfeilspitzen aus der Zeit um 1800 v. Chr. Die Feenhöhle ist **eine der größten Megalithanlagen auf Guernsey.** An der Rückwand befindet sich ein türartiger Stein, der gemäß einer Sage den Eingang in die **Welt der Feen** markiert (s. S. 42). Im Gegensatz zur Feenwelt ist das Grab frei zugänglich.

› **The Taste of India** ££ <48> Sunset Cottage, L'Erée GY79LN, Tel. 01481 264516, www.tasteofindiaci.com. Empfehlenswertes indisches Restaurant mit vielen leckeren Gerichten, die es auch zum Mitnehmen gibt.

32 Fort Saumarez ★ [B4]

Nördlich der Rocquaine Bay steht auf einer **Landzunge** das Fort Saumarez. Dabei handelt es sich um einen **Martello-Turm** (s. S. 35) aus dem Jahr 1804, der im Zweiten Weltkrieg von den deutschen Besatzern unter Einsatz von Beton zu einem vierstöckigen Turm umgebaut wurde. Er lässt sich **nur von außen besichtigen,** da er sich in Privatbesitz befindet und nicht öffentlich zugänglich ist.

Der damalige Gouverneur John Doyle benannte den Turm nach dem berühmten Kapitän der Royal Navy, **James Saumarez** (s. S. 30), der Mitglied von Admiral Nelsons „Band of Brothers" war und Neffe von John Saumarez, der Sausmarez Manor 12 zurückkaufte.

Am **Parkplatz** findet man zudem ein **Denkmal** für die verunglückten Seeleute der *Prosperity.* Das Schiff schlug im Januar 1975 auf einem Felsen Leck. Es hatte Holz geladen und befand sich auf dem Weg von Finnland nach Griechenland. Westlich des Leuchtturms Les Hanois 27 fie-

Ebbe in der Rocquaine Bay: das runde Fort Grey mit dem markanten weißen Martello-Turm in der Mitte

Michèle De Garis und die Invasion der Feenarmee

Als Tochter einer sehr armen Familie lebte die junge Frau in einem Cottage bei Vazon [C3]. Oft suchte sie in den Hecken und an den Ufern sowie Stränden nach Nahrung und Feuerholz für die Familie. Eines Tages schreckte sie nahe der Vazon Bay einen Mann auf, der an einer Hecke in tiefem Schlaf lag. Solch einen Mann hatte Michèle noch nie gesehen. Er war gutaussehend und trug seltsame grüne Kleidung mit einem gefiederten Hut. Auf der Stelle verliebte sich der Mann in Michèle und wollte sie heiraten. Er stellte sich als John vor und erklärte ihr, er sei der Sohn des Feenkönigs und lebe weit weg. Als er sie fragte, ob sie seine Frau werden wollte, gab ihm Michèle sofort das Ja-Wort. Weil sie sich aber um ihre Eltern und ihre zwei Brüder sorgte, wollte sie ihnen eine Nachricht hinterlassen. Daraufhin nahm der Prinz einige kleine Zwiebeln aus seinen Taschen und pflanzte sie vorsichtig in die Dünen. Dann nahm er Michèle bei der Hand, führte sie zu seinem Boot und segelte mit ihr fort. Michèles Eltern und ihre zwei Brüder suchten bald darauf nach ihr, aber sie fanden nur ihr Kopftuch. Die Mutter befürchtete das Schlimmste und weinte so sehr, dass sie den sandigen Boden durchfeuchtete. Schon brach eine wunderschöne Blume hervor, deren Blütenblätter so rot wie Michèles Lippen waren, bestäubt von magischem, goldenen Feenstaub. Als die Mutter die Blüte pflückte, gelangte etwas Feenstaub in ihre Augen und sie konnte die glückliche Michèle sehen. Die Familie blieb in dem Cottage und jedes Jahr zum Jahrestag, an dem Michèle verschwand, blühten die wunderschönen Blumen in ihrem Garten und bald schon auf der gesamten Insel. Im Feenland wurde Michèle angebetet und jeder Feenmann wünschte sich eine Ehefrau wie Michèle. So kam es, dass sich eine Feenarmee auf den Weg nach Guernsey machte.

Ein Kuhhirte oberhalb von Vazon sah die Armee der „p'tits gens", wie die Einwohner Guernseys die Feen nannten, als Erstes, als sie aus einer Höhle am Hommet Headland, dem Le Creux ès Faïes (31), herauskamen. Er war so verängstigt, dass er sich ohne Widerstand gefangen nehmen ließ. Die Feen trugen ihm auf, die Insulaner zu informieren, dass die Feenmänner nun hier seien, um deren Frauen einzufordern. Sollte ein Guernsey-Mann sich widersetzen, würden die Feenmänner die Frauen mit Gewalt holen.

Natürlich verweigerten die Insulaner solch seltsame Ansprüche und die Männer bereiteten sich auf einen Kampf zu Ehren ihrer Frauen vor. Alle bis auf zwei, die in einem Ziegelofen kauerten.

Die Männer kämpften tapfer, aber sie konnten nichts gegen die magischen Kräfte der Feen ausrichten. Viele starben. Schließlich mussten die Frauen Guernsey die siegreichen Feenmänner heiraten, es schien, als würden sie ihr Schicksal stoisch ertragen. Die beiden, die sich versteckt hatten, kamen wieder heraus und lebten ihr Leben in glücklicher Routine weiter. Irgendwann mussten die Feenmänner wieder zurück und ließen ihre Frauen und menschlichen Kinder zurück, da sie das Feenreich nur für wenige Jahre verlassen durften. Seit dieser Zeit sagt man den Insulanern nach, dass sie vom Feenvolk abstammen.

Der Kern dieser Geschichte geht auf die Zeit der französischen Invasionen auf den Kanalinseln im 13. Jh. zurück.

len dann die Maschinen des Schiffes aus, sodass es auf die Felsen getrieben wurde und sank.

› L'Erée, St. Pierre du Bois nahe dem Übergang zu Lihou Island 33

33 Lihou Island ★★★ [A4]

Das absolute Highlight im Nordwesten Guernseys stellt die Insel Lihou dar. Ein Besuch dieses einzigartigen Vogelbrutgebiets ist ein Muss für Guernsey-Besucher.

Lihou Island kann **nur bei Niedrigwasser** und **nur zu Fuß** über einen teilweise befestigten, gepflasterten **Damm (Causeway)** von L'Erée Headland aus erreicht werden. Am Beginn des Übergangs steht eine **Tafel** mit den genauen Passagezeiten, diese findet man online (s. S. 44). Die möglichen Zeiten ändern sich täglich, abhängig von den Gezeiten. Man muss wirklich **gut planen**, damit man nicht auf Lihou festsitzt. Es gibt nämlich keine andere Möglichkeit als zu Fuß bei Ebbe hinüber- und zurückzugelangen. Für den Übergang sollte man bis zu 20 Minuten einplanen.

Die Insel ist das reinste **Vogelparadies.** Viele Arten brüten hier im Frühjahr (Jan.–Juli). Man kann sich viel Zeit nehmen, um die Vögel und ihre Jungen zu beobachten. Viele Möwenarten sind hier anzutreffen, auch einige **Austernfischer** mit den typisch orangefarbenen Schnäbeln. Seit 2006 ist die Insel mit ihren Feuchtgebieten, Tieren und Pflanzen unter der **Ramsar-Konvention** (s. S. 119) geschützt.

Im frühen Mittelalter stand auf Lihou ein **Kloster**, von dem es nur wenige Überreste gibt. Wahrscheinlich wurde das Kloster von Mönchen der Abtei Mont St. Michel um 1114 gebaut. Der Gouverneur von Guernsey ließ das Kloster auf Lihou 1759 zerstören, da es nicht in die Hände der Franzosen fallen sollte. Im 19. Jh. war Lihou eine wichtige **Wirtschaftsregion** für Guernsey, da hier **Seetang** geerntet wurde. 1927 errichtete man sogar eine Fabrik, um aus dem Seetang Jod zu gewinnen. Später nutzten die deutschen Besatzer die Überreste des Klosters als Zielscheibe bei Schießübungen. Die States of Guernsey erwarben Lihou erst 1995.

Nicht nur Vögel lassen sich auf der kleinen Insel beobachten, auch einige **Meeresbewohner** wie Seeigel, Faden-

Baden in einmaliger Kulisse: der Venus Pool (s. S. 44)

014gu-mm

schnecken, Krebse, Seesterne und Wachsrosen (eine Anemonenart) sind vom Übergang aus gut zu sehen. Die Gewässer rund um Lihou beherbergen **Seeohren** *(ormer)*, eine Gattung der Meeresschnecken. Aber Achtung, das Einsammeln von Seeohren ist gesetzlich stark eingeschränkt (s. S. 114).

Ein reizvoller **Rundweg** führt um die Insel. Auf der Westseite des Eilands lockt der **Venus Pool** (s. unten) etwas abseits des Weges.

Am besten wartet man am Causeway, dem Übergang zur Insel, bis sich die Flut weit genug zurückgezogen hat. Dann überquert man ihn gleich zu Beginn der offiziell möglichen Zeit und hat so genug Zeit für ein Bad im Venus Pool. Seine **Verpflegung** bringt man selbst mit, denn vor Ort gibt es nichts zu kaufen. Beim Übergang bekommt man durchaus nasse Füße, deshalb sind feste Schuhe sinnvoll. Um den Causeway gibt es sehr gefährliche Strömungen.

Für eine Erkundung der Insel sei **Wanderung 3** (s. S. 105) empfohlen.

› **Zugangszeiten online:** www.gov.gg/lihou (unter „Downloads")

MEIN TIPP

Baden im Venus Pool

An der **Westküste von Lihou Island** 33 steigt man auf **unbefestigtem Weg** zum Venus Pool hinab. Der Einstieg ist nicht besonders schwierig. Das Felsbecken füllt sich bei Flut mit Wasser, bei **Ebbe** liegt dann der natürliche Felsenpool frei und lädt zum **kühlen Bad** ein. Das Wasser des Atlantiks ist nämlich auch in diesem Felsenbecken ziemlich kalt. Auch wenn man sich nicht ins Wasser traut, lohnt sich der Abstecher. Die Natur ist unvergleichlich und immer wieder kann man Mutige beobachten, die sich in die kalten Fluten stürzen.

Strände im Westen

Die Westküste ist nicht so beeindruckend wie die steile Südküste. Auch sind die Strände weniger gut für Wassersport geeignet wie die der Nordküste. Dennoch findet man auch hier einige reizvolle Badestellen.

In der **Rocquaine Bay** [A–B5] erstreckt sich ein langer **Kiesstrand**, daneben gibt es einen Teilbereich mit **Sand**, der sich im Sommer zum Baden eignet. Außerdem gibt es ein **Café** als Einkehrmöglichkeit. Rund 15 Gehminuten entfernt kann man sich am Kiosk in der **Portelet Bay** [A5] eine Erfrischung besorgen, dort gibt es auch öffentliche **Toiletten.**

Etwas weiter nördlich der Rocquaine-Bucht liegt die **L'Erée Bay** [B4], die wegen ihres Sandstrandes besonders bei Familien mit kleinen **Kindern** beliebt ist. Hier kann man gut schwimmen, allerdings sollte man sich unbedingt zwischen den Flaggen aufhalten. Rund um den Strand gibt es jede Menge **Einkehrmöglichkeiten**, im Sommer parkt hier ein Eisverkäufer. Öffentliche **Toiletten** stehen bereit.

Unterkünfte

› **Clifftop Cottages** ££ <49> Route de Pleinmont, Torteval GY80LP, Tel. 01481 3090, www.clifftopcottages.com. Behagliche, geräumige und familienfreundliche Apartments auf einem Hof, unmittelbar an der Straße in Richtung Westen gelegen.

› **The Granary** ££ <50> Rue de Quanteraine, St. Pierre du Bois GY79DP, Tel. 01481 265944, www.thegranaryselfcatering.com. Die hübschen, gut ausgestatteten Apartments im historischen Steinhaus sind umgeben von einem Naturschutzgebiet und Orchideenfeldern.

› **The Imperial Hotel** ££ <51> Rocquaine Bay, Torteval GY80PS, Tel. 01481 264044, www.theimperial.gg. Das Hotel besticht durch seine hervorragende Lage an der Rocquaine Bay und seine herrliche Terrasse. Im Erdgeschoss lockt zudem ein gemütlicher Pub. Modern und stilvoll gestaltete Zimmer in maritimen Farben.

› **The Longfrie Inn** ££ <52> St. Pierre du Bois GY79RX, Tel. 01481 263107, www.thelongfrieinn.com. Das Longfrie Inn ist ein empfehlenswertes Hotel mit schönen Zimmern, das weiter im Inselinneren, abseits der Küste, gelegen ist. Auch das zugehörige Restaurant (s. S. 40) ist einen Besuch wert.

Einkaufen

› **Le Tricoteur** <53> Rocquaine Centre, Rocquaine Bay, St. Pierre du Bois GY79HS, Tel. 1481266881, www.guernseyjumpers.com. In diesem Fabrikverkauf kann man hübsche Guernsey-Pullover, Mützen und Schals erstehen.

Der Norden

Der Norden besitzt zum einen **herrliche Sandstrände,** die zum Spazieren und Sonnenbaden einladen, zum anderen befindet sich hier der **industrielle Schwerpunkt** Guernseys. Administrativ umfasst der Norden die Gemeinden Saint Saviour, Castel, Saint Sampson und Vale.

An der Nordgrenze der Gemeinde St. Sampson verläuft der ehemalige **Gezeitenkanal Braye du Valle.** Dieser trennte die Gezeiteninsel **Le Clos du Valle** bei Flut vom restlichen Guernsey ab. 1806 ließ Gouverneur John Doyle den Priel mit finanzieller Unterstützung der britischen Regierung zuschütten, um sich besser gegen eine mögliche Invasion Frankreichs verteidigen zu können. Er befürchtete, dass die Franzosen Le Clos du Valle bei Flut besetzen könnten, ohne dass seine Streitkräfte etwas dagegen tun könnten. Seitdem ist Le Clos du Valle eine **Halbinsel.**

Die im Buch empfohlene **Radtour 1** (s. S. 98) verläuft durch den Nordosten Guernseys.

Saint Saviour

Die **ländliche Gemeinde** liegt im **Nordwesten** Guernseys. Sie besitzt keinen Sandstrand, die felsige **Perelle Bay** [B4] stellt den einzigen Zugang zum Meer dar. Besonders sehenswert sind die **St. Apolline Chapel** 35 und der **Dolmen Le Trépied** 36. Zudem liegt das **Wasserreservoirs Guernseys** (s. S. 46) hier. Der Staudamm hat sich zu einem beliebten Ausflugsziel entwickelt, führt doch ein schöner Spazierweg am Ufer entlang. Darüber hinaus ist die **St. Saviour's Parish Church** 34 eine Stippvisite wert.

› **Auberge Du Val** ££ <54> Route de Sous l'Église, St. Saviour GY79FX, Tel. 01481 263862, www.facebook.com/aubergeduval, Mo/Di geschl. Gutes Restaurant im Inselinneren. Hier werden vorrangig leichte Gerichte serviert. Schöner Kräutergarten. Auch hübsche, gemütliche Zimmer im Angebot.

34 St. Saviour's Parish Church ★ [C4]

Die Kirche steht **südlich des Wasserreservoirs** in der gleichnamigen Gemeinde. Sie stammt ursprünglich aus dem 12. Jh., der heutige Bau geht jedoch auf das 14. bzw. 15. Jh. zurück.

Die **ältesten Teile der Kirche** sind das Kirchenschiff und das nördliche Seitenschiff. Während eines Gottesdienstes im Jahr 1658 schlug ein Blitz ein und beschädigte das Gotteshaus schwer. Zum Glück wurde niemand verletzt, aber Teile des Turms und der nördlichen Kirchenwand stürzten ein und die kleinste Glocke brach entzwei. Im frühen 18. Jh. errichtete man ein Zusatzgebäude am Ende des nördlichen Seitenschiffs, um dort die Gemeindekanone und militärisches Gerät zu lagern. Heute befindet sich dort die Sakristei. Während der **deutschen Besatzung** wurde die Kirche militärisch genutzt. Der **Turm** wurde zum Beobachtungsposten, man schlug Gucklöcher in den Bleimantel. Außerdem ließen die Besatzer Tunnel um die Kirche herum ausheben.

Die **Buntglasfenster** der Kirche gehören zu den schönsten auf den Kanalinseln und sind ein echter Blickfang, wenngleich sie nicht besonders alt sind – die meisten stammen aus dem 20. Jh. Lediglich ein Glasfenster in der Taufkapelle stammt aus viktorianischer Zeit (19. Jh.). Dies liegt darin begründet, dass man in calvinistischer Zeit (16. Jh.) eher auf Schlichtheit bedacht war und farbenfrohe Dekoration ablehnte.

› Les Buttes, St. Saviour GY80DS, https://stsaviourschurch.org, frei zugänglich

MEIN TIPP

Rundweg um das St. Saviour Reservoir

Im Inselinneren, in der Gemeinde St. Saviour befindet sich der **Wasserspeicher** namens **St. Saviour Reservoir** [C4]. Als Millenniumsprojekt wurde ein **Rundweg um den See** angelegt, der sich großer Beliebtheit erfreut. So lässt sich der Wasserspeicher im Rahmen eines entspannten **Spaziergangs** von rund **drei Kilometern Länge** umrunden. Man parkt an der Westseite der Staumauer und wandert in südliche Richtung am Ufer entlang. Immer wieder kann man die Wasservögel im See beobachten. Man erreicht die Südspitze des südwestlichen Wasserarms und geht wieder ein Stück nach Norden. Der Weg zweigt rechts zum südöstlichen Arm ab. Nun geht man entlang dieses Arms in südliche Richtung bis zur Straße. Man folgt der Straße ein Stück nach links, bis der Millennium Walk links abzweigt. Anschließend wandert man am östlichen Ufer des Stausees gen Norden, bis man nach rechts eine Straße erreicht. Dieser folgt man nach links bis zu einer Kreuzung. Hier geht man abermals nach links bis zum eingangs erwähnten Parkplatz an der Staumauer. Diese überquert man und schließt so den Spaziergang ab.

35 St. Apolline Chapel ★★★ [B4]

Die kleine Kapelle von St. Apolline befindet sich in der Gemeinde St. Saviour. Sie ist die einzige **mittelalterliche Kirche** auf Guernsey, die nie baulich verändert wurde. Im Jahr 1392 wurde das Gotteshaus gegründet und errichtet, damals noch unter dem Namen **Sainte-Marie de la Perelle.** Heute ist sie **Apollina von Alexandria,** der Schutzheiligen der Zahnärzte und Zahnleidenden gewidmet. Der Bau wurde zwischenzeitlich lange als Stall genutzt und verkam immer mehr. 1892 wurde die Kirche von der Inselverwaltung übernommen und in den 1970er-Jahren restauriert. Blickfang im Innenraum sind die Reste von **Fresken** aus dem 14. Jh., die das Abendmahl darstellen.

› La Grande Rue, St. Saviour GY80DS, https://catholic.org.gg/other-places/st-apollines-chapel, frei zugänglich

Historisches Zeugnis aus dem Neolithikum: der Dolmen Le Trépied

Guernseys Megalithanlagen: Dolmen und Ganggräber

Erst im 18. Jh. entstand das Wort als Schöpfung aus den bretonischen Wörtern „dol“ für Tisch und „men“ für Stein. Mehrere senkrecht nebeneinander aufgestellte Steine bilden die Wände des Dolmens. Der Grundriss ist entweder rund oder vieleckig. Kennzeichnend ist der große Deckstein, manchmal sind es auch zwei Steine. Darüber errichtete man üblicherweise einen Hügel aus Erde und Steinen.

Anfangs vermutete man, dass es sich bei Dolmen um Opfertische handelte. Allerdings belehrten Funde von Schmuck und Gebrauchsgegenständen die Forscher eines Besseren: Dolmen waren Grabanlagen. Im Laufe der Zeit wurden diese Gräber deutlich größer und komplizierter angelegt, oft auch, um mehreren Menschen Platz zu bieten. Manchmal gibt es neben der Hauptkammer noch weitere Seitenkammern, von denen man annahm, dass sie später hinzugefügt wurden. Wahrscheinlich dienten die Kammern auch als Versammlungs- und Kultstätten. Die großen Ganggräber auf den Kanalinseln wurden zwischen 3250 und 2850 v. Chr. verschlossen und in der Folge vergessen. Vermutlich kam es zu jener Zeit zu gesellschaftlichen und religiösen Veränderungen, denn danach wurden nur noch kleinere Gräber errichtet.

Die Abgrenzung von Dolmen und Ganggräbern ist nicht einheitlich. Oft werden sie anhand der Lage ihres Eingangs unterschieden: Beim Ganggrab befindet sich dieser in der Regel an der Längsseite, bei Dolmen an der Schmalseite. Bei den auf den Kanalinseln vorherrschenden Ganggräbern, die auch **Passage Tombs** genannt werden, ist der Eingang allerdings meist – wie beim Dolmen – auf der Schmalseite (axial).

36 Dolmen Le Trépied ★★ [B4]

Der Dolmen Le Trépied („Der Dreifuß“) liegt oberhalb der Perelle Bay. Es stammt aus der **Jungsteinzeit**, also ca. 3000 bis 2500 v. Chr. Der **Dolmen** (s. oben) wurde 1840 freigelegt und hat eine Länge von fünf Metern. Drei Decksteine sind noch erhalten, daher auch der Name. Man fand Grabbeigaben wie Töpferwaren, Werkzeuge aus Stein und Pfeilspitzen aus Flint (Feuerstein). Später trafen sich hier angeblich regelmäßig **Guernseys Hexen:** An den freitäglichen Hexensabbaten soll der Teufel persönlich teilgenommen haben. In den Hexenprozessen des 17. Jh. wird Le Trépied regelmäßig genannt.

016gu-mm

In unmittelbarer Nähe befindet sich das **Fort Richmond**, das im 18. Jh. als Teil der Verteidigungsanlagen Guerseys zur Abwehr möglicher französischer Angriffe errichtet und später von den deutschen Besatzern genutzt wurde. Es kann nicht besichtigt werden.

Castel

Die Gemeinde Castel besitzt die vielleicht **schönsten Sandstrände** der Insel, darunter die fantastische **Cobo Bay** 37 und die nicht minder schöne **Vazon Bay** [C3]. Die Ortschaft reicht von der Küste bis weit ins Inselinnere hinein. Damit ist Castel die flächenmäßig **größte Gemeinde** auf Guernsey. Zur Gemeinde gehören die **Castel Parish Church** 41 und einige sehenswerte **Festungen,** außerdem der beliebte **Saumarez Park** 40.

37 Cobo Bay ★★★ [D3]

Die Cobo Bay ist ein **beliebtes Ausflugsziel.** Die Bucht besitzt lange Sandstrände, die von Felsen eingerahmt sind. Gerade bei **Familien** ist der weitläufige Strand sehr populär, denn hier kann man gut spielen und einen angenehmen Strandtag verbringen. Auch zum **Surfen** ist die Bucht hervorragend geeignet. Entlang der Uferstraße findet man einige **Restaurants und Cafés,** etwa den Cobo Tea Room (s. S. 50), The Rockmount und La Reunion (beide s. S. 50).

38 Wachthaus Le Guet ★ [D3]

Le Guet befindet sich oberhalb der Cobo Bay 37 in einem **Pinienwald.** Bereits im 16. Jh. gab es hier oben ein **Beobachtungsposten.** Die heutige Anlage stammt aus dem 18. Jh. und diente als Aussichtspunkt für etwaige Angriffe napoleonischer Truppen. Von hier genießt man einen schönen Ausblick auf den Strand. Das Wachthaus ist gut **zu Fuß erreichbar.** In der Nähe, am Cobo Community Centre, gibt es einen **Parkplatz.** Ein kleiner Spaziergang durch den Pinienwald rund um das Gebäude ist lohnenswert.

39 Fort Hommet ★ [C3]

Die **Festungsruine** befindet sich auf einer **Landzunge** zwischen Vazon Bay und Cobo Bay 37. Der Name Hommet leitet sich vom Guernésiais-Wort *houmet* für Halbinsel ab, was die Lage ganz gut beschreibt. Bereits 1680 stand hier eine Befestigungsanlage. 1795 wurde das Fort gestärkt, 1801 gab es wohl bereits sechs Kanonen. Der **Martello-Turm Nr. 12** (s. S. 35) wurde 1804 errichtet. 1856 kamen Baracken dazu, in denen bis zum Ersten Weltkrieg Soldaten stationiert waren. Diese Baracken wurden später zerstört. Der Martello-Turm kann nicht von innen besichtigt werden.

In der Cobo Bay kann man lange Strandspaziergänge unternehmen

017gu-mm

Im Zweiten Weltkrieg errichteten die deutschen Besatzer am Fort **Bunker,** die Teil der Verteidigungslinie an der Westküste Guernseys waren. Einer der Bunker ist heute als **Museum** eingerichtet und kann besichtigt werden. Er ist eine Kasematte, aus der mit Gewehren gefeuert werden konnte.

› Fort Hommet Headland, Buslinien 11, 42 und 91, April–Okt. Sa 14–16.30 Uhr, Eintritt: Erw. £ 2,50, Kinder £ 1

40 Saumarez Park mit Folk and Costume Museum ★★ [D3]

Saumarez Park ist heute ein **gefragtes Ausflugsziel.** Dabei handelt es sich um das ehemalige Anwesen der **Familie Sausmarez** (s. S. 30). Der Park befindet sich südöstlich der Cobo Bay 37. Er besitzt weite Rasenflächen und einen schönen Baumbestand. Es gibt auch einen **See** mit einer japanischen Pagode, einen Rosengarten und einen **Kinderspielplatz.**

In den ehemaligen Stallgebäuden logiert heute das **Folk and Costume Museum,** in dem das frühere ländliche Leben auf Guernsey thematisiert wird. Es sind viele Kleidungsstücke aus viktorianischer Zeit (Regierungszeit Königin Victorias ca. 1837–1901) ausgestellt.

› **Saumarez Park,** Saumarez Road, Castel GY57UJ, tgl. von Sonnauf- bis Sonnenuntergang, Eintritt frei

› **Folk and Costume Museum,** Tel. 01481 255384, www.nationaltrust.gg/places-to-visit/folk-costume-museum-saumarez-park, tgl. 10–17 Uhr, Eintritt frei

41 Castel Parish Church ★★ [E4]

Auf einer Anhöhe, einem der höchsten Punkte der Insel, thront die Kirche **Sainte-Marie du Câtel.** An gleicher Stelle befand sich einst eine **Burg der Römer,** die der Gemeinde den Namen Castel gab. Die Kirche wurde erstmals im 12. Jh. erwähnt und besitzt **Wandmalereien** aus dem 13. Jh. An der Außenwand des Gebäudes erkennt man die römischen Ziegel, die wiederverwendet wurden. Vor der Kirche steht ein **Menhir** (s. S. 29) aus der Jungsteinzeit mit weiblichen Merkmalen. Er soll einem Fruchtbarkeitskult gedient haben, ganz ähnlich wie der Menhir Gran'mère du Chimquière (s. S. 29).

› Rue de Presbytère, Castel GY57EJ, www.churchofengland.org.gg/churches/castel, frei zugänglich

Blühende Pracht im Saumarez Park

019gu-mm

Essen und Trinken

- **Cobo Tea Room** ££ <55> Cobo Coast Road, Castel GY57HB, Tel. 01481 253366, www.facebook.com/Cobo TeaRoom, Mo geschl. Die Teestube, ein familiengeführter Betrieb, bietet einen tollen Blick über die Cobo Bay. Hier bekommt man selbst gebackenen Kuchen, köstliches Mittagessen und sogar Frühstück. Auch die preisgekrönten Scones zum Cream Tea sind sehr zu empfehlen.
- **Crabby Jack's** ££ <56> Vazon Bay, Castel GY57BF, Tel. 01481 257489, www.thechristiesgroup.gg/crabby-jacks. Das Restaurant ist besonders beliebt bei Familien. Hier gibt es leckere Pizzas, Burger, Meeresfrüchte und Salate. Speisen auch zum Mitnehmen.
- **La Reunion** ££ <57> Cobo Coast Road, Castel GY57HB, Tel. 01481 255600, www.lareunion.gg, Mo/Di geschl. Gehobenes Restaurant über dem Hotel Rockmount mit exzellenter Aussicht auf die Bucht. Leckere Gerichte der modernen Kanalinsel-Küche.
- **Nineteen Bar and Grill** £££ <58> Rohais de Haut, Castel GY68SS, Tel. 01481 740019, www.nineteen.gg. Empfehlenswertes Grillrestaurant im Inselzentrum nahe einem Golfplatz. Bei gutem Wetter kann man im Freien auf der erhöhten Terrasse Platz nehmen.
- **The Rockmount** ££ <59> Cobo Coast Road, Castel GY57HB, Tel. 01481 252778, www.therocky.gg. Gemütliches Lokal im Pubstil mit lokalem Essen. Im Sommer wird die Terrasse von vielen Menschen bevölkert.

Saint Sampson und Vale

Der Übergang von St. Peter Port nach **St. Sampson** im Norden ist fließend. St. Sampson ist nach dem **Inselheiligen** von Guernsey benannt. Die Kirche von St. Sampson soll sogar von Samson von Dol persönlich gegrün-

⌃ *Speisen im Cottage-Ambiente: in der Auberge Du Val (s. S. 45)*

det worden sein. Der Ort selbst ist eher ein Gewerbe- und Industrieort und deshalb touristisch nicht besonders bedeutsam. Lediglich **Bordeaux Harbour** [G2] ist recht sehenswert – hier liegen bunte Fischerboote vor Anker. Früher verlud man hier die Steine aus dem nahe gelegenen Steinbruch.

Ganz im Norden Guernseys liegt die Gemeinde **Vale.** Malerische Sandstrände, oft umgeben von Dünen, prägen diese Region. Kleine, verträumte Buchten laden zum Entspannen ein. Besonders hervorzuheben ist die **Dünenregion L'Ancresse Common** [F1]. In Vale finden sich **drei sehenswerte Megalithanlagen,** darunter die beeindruckende Grabanlage **Le Déhus** 43. An der Küste wurden ferner zu Verteidigungszwecken einige **Befestigungsanlagen** (s. S. 52) und **Wehrtürme** (s. S. 35) errichtet.

42 Vale Castle ★ [G2]

Vale Castle befindet sich an der Ostküste ganz im Norden Guernseys und bietet eine **brillante Aussicht** auf Herm und Jethou. Historisch geht sie auf einen Bau aus der frühen Eisenzeit zurück. Die ältesten Teile der heutigen Burg sollen bis zu 1000 Jahre alt sein. Der erste überlieferte Name des Bauwerks war **Le Chateau St. Michel,** später nannte man es **Chateau de Val.** Die Burg sollte den Hafen von St. Sampson am Ostende des Priels Braye du Valle und Bordeaux Harbour verteidigen.

Um 968 kamen **Benediktinermönche** aus dem Kloster **Mont St. Michel** in den Norden Guernseys und errichteten hier eine Abtei. Der Herzog der Normandie musste 1032 auf seiner Reise nach England dort Zuflucht suchen und schenkte daraufhin die Gezeiteninsel Le Clos du Valle den Mönchen. Als ein paar Jahrzehnte später Piraten den Mönchen das Leben schwer machten, errichtete man die Burg, das heutige Vale Castle. Im Mittelalter gab es umfangreiche Umbauten. Das Zuschütten des Priels Braye du Valle ab 1806 erleichterte Truppenbewegungen und vereinfachte so die Verteidigung Guernseys. Auch der nahe Hafen von St. Sampson wurde erweitert.

Während des Ersten Weltkriegs war in der Burg eine lokale Miliz stationiert. Unter der deutschen Besatzung mussten Zwangsarbeiter Umbauten in der Burg durchführen. Sie rissen die Baracken ab und befestigten die **Stützpunktgruppe Talfeste,** wie Vale Castle damals genannt wurde.

› Castle Road, Vale GY35AY, www.museums.gov.gg/castles, frei zugänglich

Fort Doyle ist eine von drei großen Festungen an der Nordküste *(s. S. 52)*

020gu-mm

43 Dolmen Le Déhus ★★★ [G2]

Der Dolmen (s. S. 47) steht im Nordosten der Insel, nahe der Hauptstraße gen Norden. Er ist eine der interessantesten **Megalithanlagen** auf Guernsey. Der **Zugang** ist mit einer kleinen **Tür** verschlossen, die tagsüber bis zur Dämmerung geöffnet ist. Der Innenraum ist beleuchtet (der Lichtschalter befindet sich innen direkt neben der Tür). Der Name stammt möglicherweise von dem altnordischen Wort *dys* („Dolmen").

Das Grab ist zehn Meter lang und von einem **Grabhügel** bedeckt. Es gibt eine Haupt- und mehrere Seitenkammern. In einen der Decksteine sind ein **Männergesicht** mit Bart sowie Pfeil und Bogen eingemeißelt. Man nennt die Figur, die erst 1916 entdeckt wurde, den „Wächter des Grabes". Es gibt Vermutungen, die Figur stelle das Sternbild Orion dar, allerdings gibt es dafür keine Beweise.

Die Anlage selbst und Funde in Inneren werden auf die Zeit 20.000 bis 3500 v. Chr. datiert. Der Dolmen wurde zwischen 1837 und 1847 ausgegraben, der erste Archäologe war der berühmte Altertumsforscher **Frederick Corbin Lukis** (1788–1871) aus Guernsey. 1932 wurde der runde Grabhügel von der Anthropologin **Vera Collum** (1883–1957) rekonstruiert. Man fand Knochen, zwei recht gut erhaltene Skelette und **Grabbeigaben** wie Muscheln und Vasen.

022gu-mm

Befestigungsanlagen an der Nordküste

Drei Forts verteidigten die Nordküste Guernseys entlang der Halbinsel Le Clos du Valle, sie werden hier von Ost nach West behandelt. Heute sind hauptsächlich **Ruinen** erhalten, die zum Teil frei zugänglich sind.

1805 wurde **Fort Doyle** [G1] am nordöstlichsten Zipfel Guernseys fertiggestellt. Benannt wurde es nach John Doyle, dem damaligen Gouverneur der Insel. Es war mit drei Kanonen ausgerüstet. 1909 benötigte man das Fort nicht mehr zur Verteidigung und stattete es mit einem Nebelhorn aus, um die Schiffe vor Gefahren zu warnen. Die deutschen Besatzer befestigten Fort Doyle im Zweiten Weltkrieg u. a. mit Flugabwehrkanonen.

An der Ostspitze der L'Ancresse Bay stand bereits 1680 eine Festung, die unter dem Namen **Fort L'Angle** bekannt war. Sie wurde im 18. Jh. als Schutz vor einer möglichen Invasion der Franzosen erweitert. 1805 benannte man die Festung um in **Fort Le Marchant** [G1] nach dem damaligen Lieutenant-Bailiff von Guernsey, Eleazar Le Marchant (1743–1832). In der Nähe befindet sich ein Schießstand – bei roter Flagge wird geschossen und eine Besichtigung des Forts ist nicht möglich.

Star Fort, auch bekannt als **Fort Pembroke** [F1], wurde 1811 erbaut und markiert die Westspitze der L'Ancresse Bay. Sechs Kanonen wurden hier aufgestellt, je eine auf jede Sternspitze. Solch sternförmige Befestigungsanlagen waren als vorläu-

In der Grabkammer des Dolmen Lés Dehus

fige Konstruktionen gedacht, weshalb sie heute eher selten erhalten sind. Der Name erinnert an **George Herbert**, den **11. Earl von Pembroke** (1759–1827), der Anfang des 19. Jh. Gouverneur von Guernsey war.

Radtour 1 (s. S. 98) führt am Fort Le Marchant und Fort Doyle vorbei.

Entlang der L'Ancresse Bay befinden sich zudem **drei Wehrtürme** (s. S. 35): Nr. 7 nicht weit vom Pembroke Kiosk, Nr. 5 in der Nähe des Strandes von L'Ancresse Bay und Nr. 4 kurz vor dem Fort Le Marchant. Die Türme sind nicht zugänglich.

44 Dolmen La Varde ★★ [F1]

Das **Ganggrab** (s. S. 47) liegt in den Dünen von Vale, in der Nähe eines großen Golfplatzes. Es hat eine Länge von zehn Metern und gehört somit zu den größten Anlagen auf Guernsey. Er stammt aus der Zeit um 3500 v. Chr. und war wohl bis 2000 v. Chr. in Benutzung. In der nordwestlichen Ecke gibt es eine ovale Vertiefung. Der Dolmen wurde 1811 eher zufällig bei Militärübungen entdeckt, als man Schädel und Knochen frei legte. Ab 1837 begann **F. C. Lukis** (s. S. 52), den Dolmen systematisch zu erforschen. Er entdeckte, dass es mehrere Zeiträume gab, in den das Grab genutzt wurde. Als **Grabbeigaben** fand man Keramik, Steinwerkzeug und Pfeilspitzen aus Flint (Feuerstein).

45 Dolmen Les Fouaillages ★★ [F1]

Der Dolmen befindet sich südlich des Ganggrabs von La Varde 44 und ist etwas schwieriger zu entdecken. Er stammt aus der Zeit um 4500 v. Chr. und gilt als **eine der ältesten Megalithanlagen Europas.** Entdeckt wurde er jedoch erst 1977. Die Grundstruktur diente als **neolithisches Grab.** Die Anlage ist ungefähr wie ein Dreieck geformt und von großen Steinen eingefasst. Sie wurde in verschiedenen historischen Phasen immer wieder erweitert und verändert. So wurde etwa vor 4000 Jahren ein Erdhügel von ungefähr 35 Metern Länge über die Anlage geschichtet.

Es gibt eine **kleine Kammer,** die überdacht ist. Die **zentrale Kammer** ist offen, also ohne Überdachung. Aus der Zeit um 2000 v. Chr. stammen **acht Pfeilspitzen aus Flint,** die man als Opfergabe auf dem Boden fand. Insgesamt wurden im Rahmen von Ausgrabungen rund 35.000 Funde entdeckt, die heute zum Teil im Guernsey Museum 5 in St. Peter Port ausgestellt sind.

Die Ganggräber La Varde und Les Fouaillages stehen sehr nah beisammen in den Dünen. Auf dem Gelände befindet sich auch ein Golfplatz und ein großer Millennium Stone. Man kann problemlos beide Dolmen erwandern und nacheinander besichtigen. Allerdings sollte man dabei auf **umherfliegende Golfbälle** achten. Für den Rückweg kann man entlang des **Küstenpfads** spazieren.

023gu-mm

Der Dolmen Les Fouaillages ist rund 6500 Jahre alt

46 Vale Parish Church ★ [F2]

Auch dieser Kirchenbau geht wie so viele auf Guernsey auf das 12. Jh. zurück. Die Kirche gehörte einst zur **Abtei Mont St. Michel** in Frankreich. Da sie auf einer Anhöhe steht, ist sie schon von Weitem sichtbar.

Reste eines neolithischen Grabschreins und eines **Dolmens** aus dem 7./8. Jh. stehen an der Westseite der Kirche. Das heutige Gotteshaus erbaute man unmittelbar neben einem kleinen Kloster (Prioriat), das 1414 verfiel. Teilweise verwendete man Steine des Klosters als Baumaterialien wieder. Innerhalb der Kirche fand man zudem Ziegel aus der Römerzeit.

Die **Kanzel** stammt aus der Zeit von 1140 und 1160. Der Hochaltar besitzt eine ungewöhnlich große **Piscina** (Wasserbecken für die Reinigung ritueller Gegenstände und der Hände). In der nördlich gelegenen **Kapelle der Erzengel** gibt es ebenfalls eine kunstvolle Piscina aus Granit aus dem späten 15. Jh. Die sechs Glocken im Kirchturm wurden aus dem Metall dreier mittelalterlicher Glocken gegossen. Jeden Montagabend werden sie zur Probe geläutet.

› La Route De L'Islet, Vale GY35AY, www.valechurch.gg, frei zugänglich

47 Rousse Tower ★ [E1]

Der Rousse Tower überwacht die **Bucht Le Grand Havre.** Er stammt aus dem 18. Jh. und wurde erbaut, um sich in napoleonischer Zeit gegen französische Angriffe zur Wehr zu setzen – er zählt also zu den **Wehrtürmen** (s. S. 35), genauer gesagt handelt es sich um **Wehrturm Nr. 11.** Es gibt einen **Kiosk** und einen kleinen **Wellenbrecher,** der in die Bucht hineinragt. Von den **Bänken** rund um den Turm genießt man einen einmaligen Ausblick. Gegenüber des Rousse Towers, auf der anderen Seite der Bucht, thront der **Wehrturm Nr. 10** auf der Landzunge Chouet Headland.

› **Rousse Tower,** April–Okt. von Sonnenauf- bis Sonnenuntergang zugänglich

› **Rousse Tower Kiosk,** Les Dicqs, Vale GY68JP, Tel. 07781 106446. An dem kleinen Kiosk bekommt man Sandwiches.

Die Vale Parish Church erhebt sich auf einem Hügel

Essen und Trinken

- **Beach House** ££ <61> Pembroke, Vale GY35BY, Tel. 01481 246494, www.beachhouseguernsey.com, Okt.–Mitte Juli Mo geschl. Das Strandcafé ist wunderschön in der Pembroke Bay gelegen. Die Aussicht auf die Umgebung und den Strand ist fantastisch.
- **Cabriz** ££ <62> New Road, St. Sampson GY24GF, Tel. 01481 247078. Portugiesisches Restaurant im Hafenbereich von St. Sampson, genannt The Bridge. Der Küchenchef serviert iberische Spezialitäten.
- **The Kiln** ££, im Oatlands Village (s. S. 116), Tel. 01481 245661, www.thekiln.gg. Café und typisches Inselrestaurant im Besucherzentrum Oatlands Village. Hier bekommt man ein Full English Breakfast, das man mindestens einmal probieren sollte. Leckerer Kuchen.

Strände im Norden

Die Nordküste glänzt mit einer großen Anzahl von **weiten Sandstränden**, von denen alle mehrere **Einkehrmöglichkeiten** in der Nähe bieten. Öffentliche **Toiletten** findet man neben dem Richmond Kiosk in der Vazon Bay, am Cobo Kiosk, in der Pembroke sowie der L'Ancresse Bay.

Die **Cobo Bay** 37 gilt als einer der Schätze Guernseys. Sie zählt zu den beliebtesten Stränden der Insel, zeichnet sich durch weißen Sand und kristallklares Wasser aus und hat eine gute Auswahl an gastronomischen Einrichtungen vorzuweisen.

Die **Saline Bay** [D2], auch bekannt als **Grandes Rocques**, befindet sich nördlich der Cobo Bay und präsentiert sich eher etwas ruhig. Hier kann man nicht nur wunderbar schwimmen, sondern auch traumhafte Sonnenuntergänge erleben. Toiletten befinden sich neben dem Kiosk.

Mein Tipp

Kunst und Workshops

Die Sula Gallery ist im Gebäude der **Salem-Kapelle** untergebracht. Sie zeigt eine große Auswahl an **Originalkunstwerken,** Arbeiten lokaler Künstler und Drucke. Vorwiegend sind es Ölgemälde und Aquarelle, aber auch Schmuck und andere Kunstgegenstände lassen sich anschauen und kaufen. Regelmäßig werden **Workshops** veranstaltet, bei denen die Besucher den Künstlern bei ihrer Arbeit über die Schulter schauen können.

- **Sula Gallery** <60> Salem Chapel, St. Sampson GY24RJ, www.sulagallery.co.uk, Tel. 01481 245396, Mo–Sa 10–17.30 Uhr, Eintritt frei

Die **Vazon Bay** [C3] liegt westlich der Cobo Bay. Der Strand ist deutlich weitläufiger als die Cobo Bay. Hier kann man gut surfen, zum Kitesurfen ist der Strand ebenfalls ideal. In der Tat gilt die Vazon Bay als einer der beliebtesten Surfspots der Insel. Der Strand ist zudem sehr beliebt bei Familien, denn hier kann der Nachwuchs wunderbar spielen und baden.

Der hufeisenförmige Strand von **Port Soif** [D2] ist von Sanddünen umgeben, die ihn sicher, windgeschützt und leicht zugänglich machen. Er ist bei den Einwohnern Guernseys besonders beliebt. Während der Woche kehrt hier Ruhe ein. Neben dem Strand gibt es einen kleinen Kiosk und Toiletten.

Der Strand **Portinfer** [E2] ist zwar weniger bekannt, aber ideal zum Surfen geeignet. Die Bucht in der Nähe von Port Soif ist etwas abgelegen. Direkt am Strand gibt es allerdings weder einen Kiosk noch Toiletten.

Die **Ladies Bay** [F1] und die benachbarte **Chouet Bay** sind attraktive Strände an der nordöstlichen Ecke von Guernsey. Am westlichen Rande von L'Ancresse Common an der Mont Cuet Road gelegen, wird die Ladies Bay mit Vorliebe von Familien besucht. Ein Kiosk und ein Café befinden sich direkt am Strand, am Ende der Bucht gibt es Toiletten.

Pembroke Bay und **L'Ancresse Bay** [F1], die sich direkt nebeneinander an der Nordküste befinden, bieten die wohl längsten Sandstrände Guernseys und klares, türkisfarbenes Wasser. Die beiden Buchten haben eine sanfte Neigung, was sie ideal zum Schwimmen und Paddeln sowie zum Spielen am Strand macht. Das Wasser ist außerdem perfekt für Windsurfer, Segler, Seekajakfahrer und sogar Angler geeignet.

Unterkünfte

- **Cobo Bay Hotel** £££ <63> Cobo Coast Road, Castel GY57HB, Tel. 01481 257102, www.cobobayhotel.com. Das Hotel mit Restaurant steht an einer der reizvollsten Buchten der malerischen Küste Guernseys. Auf der zum Hotel gehörigen Strandterrasse kann man Speisen und Getränke genießen. Vierzehn Zimmer verfügen über einen Balkon mit Meerblick. Die Sonnenuntergänge hier an der Küste sind sehr beeindruckend.
- **Driftwood Inn** ££ <64> Perelle Bay, St. Saviour GY79NA, Tel. 01481 264436, www.driftwoodinn.co.uk. Nette Pension mit Restaurant. Sehr gutes Frühstück. Einfache, helle Zimmer, je nach Zimmerkategorie schöner Meerblick.
- **Fleur du Jardin** £££ <65> Les Grands Moulins, Castel GY57JT, Tel. 01481 257996, www.fleurdujardin.com. Gemütliches Hotel in Landhausstil, das im Inselinneren gelegen ist. Angeschlossen sind ein Restaurant und eine Bar. Gemütliche Zimmer im Boutiquehotel-Stil.
- **La Grande Mare Hotel** ££££ <66> Vazon Road, Castel GY57LL, Tel. 01481 256576, www.lagrandemare.com. Das Viersternehotel besitzt einen Golfplatz (s. S. 110), Freizeiteinrichtungen und einen Fitnessklub. Es ist umgeben von herrlichen Landschaftsgärten, Seen und Wäldern. Es bietet komfortable Zimmer und luxuriöse Studios sowie Suiten. Auch einen tollen Wellnessbereich gibt es hier. Für die Verpflegung sorgt das gute Restaurant.
- **Le Friquet Hotel** ££ <67> Rue de Friquet, Castel GY57ST, Tel. 01481 256509, www.lefriquethotel.com. Das Dreisternehaus residiert in einem ehemaligen Bauernhaus in ländlicher Umgebung. Im preisgekrönten Restaurant werden Meeresfrüchte und Hummer serviert. Die klassisch eingerichteten Zimmer bieten meist eine reizvolle Sicht auf den Garten oder sogar einen direkten Zugang.

Einkaufen

- **Bruce Russell & Son** <68> Le Gron, St. Saviour GY79RN, Tel. 01481 264321, www.bruce-russell.com, So geschl. Gold- und Silberschmied der vierten Generation. Hier werden schöne Schmuckstücke hergestellt und verkauft.
- **Guernsey Candles** <69> Les Petites Capelles, St. Sampson GY24GR, Tel. 01481 249686, www.facebook.com/guernseycandles. Guernsey Candles offeriert hübsche, kreativ gestaltete Kerzen.
- **Ray & Scott** <70> The Bridge, St. Sampson GY24QN, Tel. 01481 244610, www.rayandscott.com, So geschl. Geschäft mit einer großen Auswahl an Uhren, es gibt aber auch Schmuck. Hier befindet sich ferner das **Diamond Museum** von Guernsey (Mo–Fr. 9–16 Uhr, Eintritt £ 3).

HERM, SARK UND ALDERNEY

066gu-mm

Herm

Herm [I3] ist nur 2 km² groß und somit die **kleinste der bewohnten Kanalinseln.** Das Eiland lässt sich **nur zu Fuß erkunden,** es gibt weder Autos noch Fahrräder. Daher ist Herm ein **Paradies für Naturliebhaber und Erholungsuchende.** Auf der Insel wohnen weniger als 80 Menschen, zum Teil auch nur saisonal. Dafür sind hier **über hundert Vogelarten** heimisch, darunter Papageientaucher *(puffins,* s. S. 117) und Fasane *(pheasants).* Im Norden gibt es flache Sandstrände, während im Süden eine Steilküste dominiert. Das kleine Eiland kann man an einem Tag umwandern und so seine Schönheit ausgiebig genießen, etwa auf der Route, die in **Wanderung 4** (s. S. 106) beschrieben ist.

Verwaltungstechnisch gehört Herm zu Guernsey. Es gibt zwei Theorien über die Herkunft des **Inselnamens.** Entweder geht er auf das altnordische *arms* zurück – die Form der Insel erinnert an einen Arm –, oder auf das altfranzösische *ermite,* was Einsiedler bedeutet.

Man erreicht Herm bequem mit dem **Schiff** von Guernsey aus, die Überfahrt dauert nur rund 20 Minuten. An sonnigen Sommertagen ist ein Badeausflug auf die Insel bei den Bewohnern von St. Peter Port sehr beliebt. Bei **Flut** legt die Fähre im **Haupthafen** von Herm an. Allerdings liegt dieser aufgrund der großen Gezeitenunterschiede bei Ebbe trocken, weshalb man dann an den **Rosaire Steps** ein Stück weiter südlich an Land geht (ca. 8 Minuten Fußweg zum Hafen). Da man Herm in der Regel im Rahmen eines Tagesausflugs besucht, betritt man die Insel meist an einem der beiden Anlandungspunkte und verlässt sie am zweiten. Der Sage nach gab es an den Rosaire Steps einst einen Markt für Meerjungfrauen. Die glücklosen Nixen wurden hier an die Felsen gebunden und an den Meistbietenden verkauft.

Man vermutet, dass Jäger die Insel schon in der Mittelsteinzeit (10.000 bis 8000 v. Chr.) entdeckten. Tatsächlich fand man Gräber aus dem **Neolithikum** (der Jungsteinzeit) und der **Bronzezeit** (bis 2000 v. Chr.). Allerdings weiß man über die Frühgeschichte auf Herm wenig, erst seit der Ankunft der Mönche im 6. Jh. n. Chr. gibt es Aufzeichnungen. Wie die anderen Kanalinseln schlug man Herm 933 dem Herzog der Normandie zu. Ab 1204 gehörte die Insel der englischen Krone. Während des Zweiten Weltkriegs hielten die Deutschen Herm weder besetzt noch befestigten sie die Insel. An den Stränden übten die deutschen Streitkräfte jedoch für die vermutete bevorstehende Invasion durch die Briten. Nach Kriegsende wurde Herm für 15.000 Pfund an die States of Guernsey verkauft. Es wird regelmäßig verpachtet unter der Auf-

◁ Vorseite: Blick hinab in die Derrible Bay (55) *auf Sark*

025gu-mm

lage, die Insel für alle Besucher offen zu halten.

Die kleine **Nachbarinsel Jethou** [I4] lässt sich nur aus der Ferne bewundern, denn sie ist nicht für die Öffentlichkeit zugänglich. Sie liegt südwestlich von Herm unmittelbar vor der Küste. Jethou ist sogar noch kleiner als Herm. Einer Sage nach war es bis zu einem denkwürdigen nächtlichen Sturm im Jahr 709 noch Teil von Herm. Bei dem Sturm riss das aufgepeitschte Meer ein großes Stück Land heraus und trennte die beiden Inseln. Seit 1416 gehört auch Jethou der englischen Krone. Beide Eilande, Herm und Jethou, wurden oft gemeinsam verpachtet. Zur Herkunft des **Inselnamens Jethou** gibt es zwei Theorien: Die eine besagt, er stamme vom Wikingernamen *Keitholm* ab, wobei *Keithou* „tosender Ort" und *holm* „Insel" bedeuten. Die andere besagt, er gehe auf jenes Geräusch zurück, das entsteht, wenn Luft durch einen Durchlass in das **Creux du Diable** („Teufelsloch"), eine trichterartige Vertiefung im Felsen, gestoßen wird. Aufgrund von Erosion kann man diesen Ton heute nicht mehr hören.

Jethou galt früher als Zentrum für Schmuggel und Piraterie; vor allem eine große **Höhle** namens **Great Creux**, die nur bei Ebbe zugänglich ist, wurde hierfür genutzt. Der Autor **Compton Mackenzie** (s. rechts), der Jethou für kurze Zeit pachtete, schrieb, dass Guernsey dort auch Hexen verbrannte. Jethou war über 350 Jahre lang Eigentum des Klosters von **Mont St. Michel** und wurde auch zu dieser Zeit verpachtet. Heute wird es von Guernsey verwaltet.

065gu-mm

KURZ & KNAPP

Inselliebhaber Sir Compton Mackenzie

Der schottische Schriftsteller **Edward Montague Compton Mackenzie** (1883–1972) galt als Geldverschwender. Er wollte unbedingt eine eigene Insel besitzen. 1920 wurde ihm zugetragen, dass Herm und Jethou verpachtet werden sollten. Seine Bewerbung war erfolgreich. Als er fünf Jahre später die Shiant Islands in den Äußeren Hebriden erwarb, war bald klar, dass er sich finanziell übernommen hatte. Sein Haus auf Herm wurde weiter verpachtet, er selbst zog auf die Insel Jethou. Mittlerweile hatte er nur noch selten Kontakt zur Außenwelt, nur am Zahltag kamen seine 29 Pächter von Herm zu ihm. Mackenzie schrieb unzählige Werke, um sich vor dem drohenden Ruin zu retten. Letztlich musste er die Kanalinseln aber 1923 wieder verkaufen.

Herm ist die Heimat vieler Wasservögel, unter anderem von Kormoranen

Das kleine Eiland Jethou [I4] lässt sich nur aus der Ferne betrachten

48 Chapel of St. Tugual ★★ [I3]

Unmittelbar neben dem Herrenhaus von Herm steht die **Kapelle St. Tugual** aus dem 11. Jh., die keiner Konfession geweiht ist. Sie thront auf dem **höchsten Punkt der Insel.** Im 11. Jh. lebten einige Mönche auf Herm. Es ist unbekannt, ob der **hl. Tudwal** (um 490–ca. 564) die Insel jemals besuchte oder ob die Mönche dem Heiligen aus der Normandie die Kapelle nur widmeten. Obwohl das Gotteshaus nicht geweiht ist, finden hier im Sommer häufig Gottesdienste statt. Die Kapelle ist frei zugänglich.

49 Belvoir Beach ★★ [I3]

Belvoir Beach ist ein **kleiner, geschützter Sandstrand** an der **Ostküste** von Herm. Man erreicht den Strand zu Fuß auf ausgeschilderten Wegen entlang der Küste in ca. 30 Minuten über die Nordseite bzw. 40 Minuten über die Südseite oder im Rahmen eines kurzen Anstiegs vom Hafen über den Hügel in ca. 20 Minuten. Der Strand bietet sich für einen **Badetag** an und verfügt über einen kleinen **Kiosk**, der von Mitte April bis Mitte September Snacks und Eiscreme verkauft.

50 Shell Beach ★★★ [I2]

Shell Beach ist das wohl **beliebteste Ausflugsziel** auf der Insel Herm. In gut 30 Minuten ist er zu Fuß vom Hafen aus erreicht. Der **einladende Sandstrand** liegt an der **Ostküste**, ein Stück nördlich von Belvoir Beach 49. Er ist breiter als Belvoir und geradezu ideal zum Baden. Millionen von Muschelfragmenten geben dem Strand seinen Namen. Der Golfstrom trieb die Muscheln an, manche stammen sogar aus Mexiko. Heute findet man allerdings eher Sand vor und nur noch Muschelreste.

Am Shell Beach kann man **Kanutouren** unternehmen und sich Equipment zum **Stand-up-Paddeln** ausleihen. Auch einen kleinen **Kiosk** gibt es vor Ort.

Strände

Die beiden Strände **Belvoir Beach** 49 und **Shell Beach** 50 eignen sich hervorragend für einen erholsamen und

⌃ Strandidylle am Shell Beach

› Stilvoll: The White House Hotel

erlebnisreichen Strandtag auf Herm – egal, ob zum Baden oder zum Wassersport, beispielsweise Stand-up-Paddeln oder Kajakfahren.

Anreise

Die Überfahrt nach Herm erfolgt mit der kleinen **Fähre von Travel Trident.** Der **Verkaufskiosk** steht am **Hafen von St. Peter Port.** Eine Abfahrt ist mehrmals täglich möglich, in der Hochsaison (Juli/August) zwischen 8.30 und 17.30 Uhr sogar achtmal pro Tag. Die Überfahrt dauert ca. 20 Minuten.

- **Travel Trident** <71> Weighbridge Clock Tower, St. Peter Port GY12ND, Tel. 01481 721379, www.traveltrident.com, Tickets (Hin- und Rückfahrt): Erw. £ 14, Kinder £ 7

Infos und Reisetipps

› **www.herm.com:** Website der Insel Herm mit Infos zu Sehenswürdigkeiten und Buchungsmöglichkeit

Unterkunft

› **The White House Hotel** £££ <72> Herm Island GY13HR, Tel. 01481 750075, www.herm.com/where-to-stay/white-house-hotel. Geschmackvolles Hotel mit traumhaftem Ambiente. Auch Cottages und Campingmöglichkeiten sind vorhanden. Bei einer Übernachtung auf der Insel in der schönen, gepflegten Anlage kommt fast „Karibikfeeling" auf.

Essen und Trinken

› **The Mermaid Tavern** ££ <73> Herm Island GY13HR, Tel. 01481 750050, www.herm.com/where-to-eat/mermaid-tavern. Direkt an der Küste von Herm lädt dieses Restaurant zu einer gemütlichen Einkehr ein. Zum einen kann man hier für die Kanalinseln typisches Pub Food probieren, zum anderen bietet die Küche Fleisch vom Black Rock Grill, das man selbst am Platz auf einem heißen Stein zubereitet.

MEIN TIPP

Puffin Patrol auf Herm

Wer einmal die putzigen **Papageientaucher** (s. S. 117) sehen möchte, der kann dies auf Herm versuchen. Von **Shell Beach** (50) paddelt man in **Kajaks** entlang der Ostküste. Die Guides wissen genau, wo sich die Vögel normalerweise aufhalten. Mit etwas Glück kann man sie beim Tauchen nach Fischen beobachten. Man muss aber genau hinschauen, denn die Vögel sind nicht sehr groß. Die Tour wird von **Outdoor Guernsey** (s. S. 95) veranstaltet.

› https://outdoorguernsey.gg/activity/puffin-patrol, Erw. ab £ 42

026gu-mm

Sark

Sark ist die **zweitkleinste Kanalinsel.** Sie ist nur 5,50 km² groß und wird gerne als **einsames Naturparadies** bezeichnet. Auch Sark hat, genauso wie Guernsey, neben Englisch eine eigene Sprache, das Sercquiais, eine Sonderform des Normannischen. Verwaltungstechnisch gehört die Insel mit ihren 600 Einwohnern zu Guernsey, ist aber verfassungsrechtlich selbstständig.

Von Guernsey aus lässt sich die Insel mit einer **Fähre** besuchen. Die Überfahrt dauert etwas mehr als eine Stunde. Man kann die Tickets bereits im Vorfeld online kaufen. Die Schiffe legen an der Ostküste von Sark im **Maseline Harbour** an. Dieser Hafen ist **tidenunabhängig** und ersetzte den älteren Nachbarhafen **Creux Harbour,** an dem heute viele Fischerboote und Jachten ankern.

Sark besteht aus zwei Teilen – Great Sark und Little Sark 58 –, die mit einem schmalen **Isthmus (Landbrücke),** genannt **La Coupée** 57, verbunden sind. Auf diesem wurde 1945 von deutschen Kriegsgefangenen eine schmale Betonstraße angelegt.

Gerade **Little Sark** ist eine Augenweide. Alte, verträumte Cottages und viele blühende Pflanzen verzaubern vor allem im Frühling. Auf Sark gibt es viele liebliche **Sand- und Kiesbuchten**, aber auch eindrucksvolle felsige Küstenabschnitte, zudem warten einige **Höhlen und Seewasserpools** an den Küsten auf ihre Entdeckung. Von einer selbstständigen Begehung der Höhlen ohne Führer muss allerdings abgeraten werden. Besonders eindrucksvoll sind die **Höhlen** bei der **Gouliot Passage,** die Sark von der Nachbarinsel Brecqhou trennt. Spannend ist, dass in den Höhlen einzigartige Habitate entstehen, weshalb es sogar Seeanemonen gibt.

Von einem **Hochplateau** führen schmale, teilweise steile Wege zu den Buchten von Sark. Auf der Insel wird schon seit langer Zeit biologische Landwirtschaft betrieben, da Düngemittel zum Schutz des Trinkwassers verboten sind.

Der höchste Punkt Sarks, **Le Moulin**, ist 114 m hoch. Dort steht eine Windmühle aus dem Jahr 1571, deren Flügel leider im Ersten Weltkrieg entfernt wurden.

Da auf Sark **keine Autos** fahren, ist es wirklich sehr beschaulich. Man bewegt sich zu Fuß, per Fahrrad oder mit einer Kutsche (s. S. 64) über die Insel. Sark lässt sich wunderbar auf dem in **Wanderung 5** (s. S. 107) beschriebenen Weg erkunden.

Die eindrucksvolle Küste von Sark

030gu-mm

Unbedingt besichtigen sollte man die **Parkanlagen des Herrenhauses La Seigneurie** 51, das über die Jahrhunderte als Amtssitz des Seigneurs bzw. der Dame of Sark (s. unten) fungierte. Westlich des Herrenhauses liegt der **Strand Port du Moulin.** Direkt vor den Stufen, die zum Strand hinunterführen, beginnt ein Weg zum **Window in the Rock** 52. Zudem gibt es ein **Museum,** das über die Inselgeschichte und die Besetzung Sarks Auskunft gibt (s. S. 68).

Sark hält die Gerichtsbarkeit über die **Nachbarinsel Brecqhou,** die westlich von Greater Sark liegt. Brecqhou ist seit 1993 im Besitz der Barclay-Brüder, den Miteigentümern der Zeitung The Daily Telegraph. Sie bestreiten allerdings, dass Brecqhou Teil von Sark ist. Es kann nicht besucht werden.

Da es auf Sark **keine Geldautomaten** gibt, sollte man entweder genug Bargeld mitbringen oder mit der Karte zahlen. Manchmal kann man bei der Kartenzahlung gleich noch Geld abheben.

Eine Besonderheit ist, dass es auf Sark **keine Straßenlaternen** gibt. Dadurch ist die Insel nachts in Dunkelheit gehüllt. Es ist daher ein besonderes Erlebnis, eine Nacht auf der Kanalinsel zu verbringen und die Ruhe und Einsamkeit im Einklang mit der Natur zu genießen.

The Village

The Village heißt das einzige Dorf auf Sark. Hier kann man **Einkäufe** unternehmen und findet einige **Restaurants.** Häufig flanieren hier die Tages-

Das Lehnswesen auf Sark

Sark wird von einem **Seigneur** bzw. einer **Dame of Sark** regiert. In der Geschichte der Insel gab es aber bislang nur drei weibliche Seigneurs. Das Amt wird in Erbfolge weitergegeben, auf der Insel existiert zudem noch ein Lehnssystem. An den Seigneur wird Pacht für die Pachtgrundstücke abgeführt, dieser wiederum entrichtet seine Pacht an die Queen. 1564 verpachtete Königin Elizabeth I. Sark dauerhaft an **Helier de Carteret,** den Seigneur von St. Ouen in Jersey. Dieser teilte die Insel in 40 Grundstücke auf und gab sie einzeln weiter. Das feudale Landbesitzsystem besteht bis heute, zu Beginn des 21. Jh. reduzierten sich allerdings die Privilegien des Seigneurs.

Dadurch war es die am längsten überlebende feudale Regierung in Europa. Erst im Dezember 2008 wurde die erste Wahl auf Sark abgehalten. Der 2016 verstorbene letzte Feudalherr Sarks war John Michael Beaumont. 2008 blieb er zwar Lehnsherr der Insel, andere Privilegien musste er jedoch abgeben. Nach seinem Tod übernahm sein Sohn Christopher Beaumont die Lehen.

1990 scheiterte eine „Invasion", als der arbeitslose Physiker André Gardes nach Sark kam, um Beaumont abzusetzen und sich zum Feudalherrn zu erklären. Die Einwohner glaubten zuerst an einen Scherz. Der freiwillige Constable Perrée nahm die Drohung dagegen ernst. Er fand Gardes auf einer Parkbank mit einer automatischen Waffe. Anschließend beglückwünschte er den Eindringling zur Wahl seiner Waffe und bat ihn, sie begutachten zu dürfen. Dann nahm er die Waffe und schlug Gardes auf die Nase. Damit endete die Invasion. Die Waffe kann heute im Sark Museum (s. S. 68) besichtigt werden.

touristen, die vom Hafen in den Ort kommen. Auch die **Pferdekutschen**, auf denen man die Insel erkunden kann, stehen hier bereit (s. unten).

MEIN TIPP

Sark mit der Pferdekutsche erkunden

Auf der Insel Sark sind Autos verboten. Um das Eiland auf entschleunigte und nostalgische Art zu erkunden, sind Touren mit der Pferdekutsche eine gute Wahl. Vorabbuchung notwendig. Diese Anbieter sind empfehlenswert:

› **Danny Wakley Carriages**, Tel. 07781 113386, www.sark.co.uk/danny-wakley-carriages-19471
› **Sark Carriages** <74> Le Grand Fort, Sark GY101SH, Tel. 01481 832027, www.sarkcarriages.co.uk. Es stehen drei Tourmöglichkeiten zur Auswahl: eine 1,5-std. Tour zusammen mit anderen Personen für £ 14 pro Person, eine 2-std. Privattour für £ 80 und eine 2-std. Tour in der viktorianischen Kutsche für £ 95.
› **Stocks Stables**, in Stocks Hotel (s. S. 69), www.stockshotel.com/about/horse-carriages.html

51 Herrenhaus La Seigneurie ★★

In La Seigneurie wohnte und arbeitete der **Seigneur** bzw. die **Dame of Sark** (s. S. 63), also das Regierungsoberhaupt der Insel.

Teile des Herrenhauses stammen aus dem 16. Jh. Als **Susanne Le Pelley** 1730 Dame of Sark wurde, blieb sie lieber in ihrem Zuhause wohnen und überließ das Herrenhaus dem Kirchenvertreter. Sie ließ das Herrenhaus modernisieren und einen Taubenschlag errichten.

Später ging der Titel an eine andere Familie über, die Collings. **Mary Collings** wurde 1852 die zweite Dame of Sark. Aufgrund ihres fortgeschrittenen Alters lebte sie jedoch weiterhin auf Guernsey und besuchte Sark nicht. Das Herrenhaus ließ sie umfangreich modernisieren, ihr Sohn übernahm nach ihrem Tod die Regentschaft und wohnte hier in den Sommermonaten. Bis heute stellen ihre Nachkommen das Regierungsoberhaupt der Insel. Seit 2016 ist Christopher Beaumont der Seigneur von Sark. Seine Eltern hatten 2009

029gu-mm

031gu-mm

MEIN TIPP

Sark mit dem Fahrrad entdecken

Per pedales lässt sich Sark wunderbar an einem Tag erkunden. Über Schotterstraße radelt man zur Nordküste, fährt dann gen Süden bis La Coupée 57, schiebt seinen Drahtesel über die Passage und besichtigt danach Little Sark 58. Natürlich ist auch das Herrenhaus La Seigneurie 51 gut mit dem Bike zu erreichen. Anbieter:

› **AtoB Cycles** <75> Sark GY101SE, Tel. 01481 832844, https://atobcycles.com

eine umfangreiche, zehnjährige Renovierung des Amtssitzes veranlasst.

Neben dem Herrenhaus befinden sich zwei ehemalige **Kapellen,** von denen eine aus dem Mittelalter stammt.

Die **Gärten** sind ausgesprochen idyllisch und lohnen einen Besuch. Sie wurden um 1835 angelegt und sind ein wahres Paradies für Pflanzenliebhaber. Hier wachsen farbenfrohe Rosen und viele weitere Blumen sowie zahlreiche Sträucher. Es gibt einen Frucht- und Gemüsegarten sowie einen Garten der Sinne. Angeschlossen ist das empfehlenswerte Restaurant und Café **Hathaways** (s. S. 69). Auch eine **Führung** mit dem obersten Gärtner wird angeboten.

› **La Seigneurie Gardens,** Sark GY101SF, Tel. 01481 832208, www.laseigneuriegardens.com, Ostern–Okt. tgl. 9–18 Uhr, Eintritt: Erw. £ 6, Kinder £ 2, auch Besuche außerhalb der Saison möglich (gegen Spende), Führungen für Gruppen ab 8 Pers. nach Voranmeldung

Links eine Kutschfahrt auf Sark, rechts das Herrenhaus La Seigneurie

52 Window in the Rock ★

Das Window in the Rock ist, wie der Name schon sagt, ein **Felsenfenster,** das man von La Seigneurie 51 aus in westlicher Richtung auf einem schmalen Pfad erreicht. Es handelt sich um einen künstlichen Durchbruch, der sich passieren lässt. Ein **Hinweisschild** warnt allerdings davor, dass es dahinter **mehr als 70 Meter senkrecht bergab** geht. Hier ist also Vorsicht geboten.

Unterhalb des Felsenfensters befand sich früher ein **Hafen.** Der Durchbruch war einst angelegt worden, um Waren vom Hafen sicher heraufziehen zu können. Bauern nutzten das Felsenfenster, um Seetang vom Meer nach oben zu befördern, damit dieser auf den Feldern Sarks als Dünger aufgebracht werden konnte.

53 Gouliot Headland ★

Von der **Landzunge** eröffnet sich eine **einmalige Sicht** auf die Insel Brecqhou, die sich in Privatbesitz befindet. Wichtig ist die Landzunge als **Ramsar-Gebiet** (s. S. 119), das vielen **Wasservögeln** als wichtiger Lebensraum dient.

Hier liegen ferner die **Gouliot-Höhlen.** Ein steiler Pfad rechts neben der Landzunge führt zu den Höhlen hinab, die **nur bei Ebbe zugänglich** sind. Daher sollte man diese Tour **nur mit einem Führer** unternehmen. Für eine Tour kann man beispielsweise **Adventure Sark** (s. S. 95) kontaktieren.

Wenn im Frühling die Blumen blühen, ist die Landzunge ein einziger Teppich voll blauer **Glockenblumen** *(bluebells)* und gelber **Schlüsselblumen.** Etwas seltener kann man die weiße Glockenblume oder sogar den kleinen Sandkrokus entdecken.

54 Sark Henge ★

Sark Henge sieht im ersten Moment aus wie ein historischer Steinkreis, wurde allerdings **erst 2015 errichtet** – genau 450 Jahre, nachdem Königin Elizabeth I. das Lehen von Sark an Helier de Carteret gewährte (s. S. 63). An dieses Ereignis soll Sark Henge erinnern. Die neun Granitsteine repräsentieren die mittelalterlichen Territorien von Sark.

55 Derrible Bay ★★

Die Derrible Bay liegt an der **Südküste** von Sark. Vom Hafen erreicht man auf einem Wanderweg einen Aussichtspunkt und wenig später Sark Henge 54. Ein Pfad führt in Richtung des Steilabhangs oberhalb der Küste. Hier beginnen **Treppen,** die **steil** hinab zur Derrible Bay führen. Der Abstieg ist bei Nässe nicht ungefährlich.

Bei **Ebbe** kann man hier herrlich baden, bei Flut hingegen kann man nicht zum Strand hinunter.

Ein großes Loch in den Klippen der Derrible Bay wird **Creux du Derrible** genannt. Es handelt sich um eine große, vertikale, aber eingestürzte **Höhle** mit zwei Öffnungen zum Strand. Die Höhle ist wie ein Kamin nach oben hin offen.

Wasserfall, Felsen und Strand: die bezaubernde Dixcart Bay

032gu-mm

56 Dixcart Bay ★★★

Die wohl **reizvollste Bucht** auf Sark ist die Dixcart Bay. Sie ist einfach und bequem auf einem gut begehbaren Weg vom Ort The Village aus erreichbar. Dabei spaziert man durch ein Wäldchen.

Die Dixcart Bay bietet bei **Ebbe** einen einladenden, großzügigen Strand, der zu einem gemütlichen Strandaufenthalt einlädt. In der Bucht befindet sich ein kleiner **Wasserfall** und ein großes, pittoreskes **Felsentor** öffnet den Übergang zur Nachbarbucht.

57 La Coupée ★★★

La Coupée **verbindet Sark mit Little Sark** 58. Der **Grat** fällt spektakulär zu beiden Seiten 100 Meter ins Meer ab. Der Übergang ist lediglich drei Meter breit und wurde 1945 betoniert. Dabei wurden vorrangig deutsche Kriegsgefangene eingesetzt. Es gibt außerdem seit dem Jahr 1900 ein Geländer auf beiden Seiten.

Bevor man den Übergang betritt, kann man links oberhalb zu einem **Aussichtspunkt** gehen, von dem man eine einmalige Aussicht auf den Grat genießt. Aufgrund möglicher starker Windböen muss man Fahrräder auf dem Grat schieben.

Vom Damm führt eine steile **Treppe** zur **Bucht La Grande Grève.** Sie besitzt einen wunderschönen Strand, den man morgens bei Flut zum Baden besuchen kann. Auch wenn der Wind von Norden her stark weht, wäre dieser Strand aufgrund seiner Schönheit eigentlich empfehlenswert. Aufgrund zweier **Erdrutsche** ist der Zugang aber mittlerweile gefährlich und sehr anspruchsvoll. Deshalb wird von einem Abstieg abgeraten.

033gu-mm

58 Little Sark ★★★

Wenn man auf Sark ist, sollte man unbedingt auch Little Sark einen Besuch abstatten. Über den Verbindungsdamm La Coupée 57 erreicht man diesen Inselteil und steht bald vor dem **Hotel La Sablonnerie** (s. S. 68) mit angeschlossenem Tea Room – hier lässt sich gut eine Pause einlegen.

Anschließend kann man in südliche Richtung zur Küste hinunterwandern, wo sich zwei **natürliche Schwimmbecken** befinden, die sich beide bei Flut mit frischem Meerwasser füllen: **Venus Pool und Adonis Pool.** Venus Pool liegt beinahe am südlichsten Punkt der Insel, Adonis Pool am südwestlichsten Punkt der Insel. Im Venus Pool kann man bei Ebbe baden, allerdings ist der Zugang schwieriger als beim Namensvetter auf Gernsey (s. S. 44). Grundsätzlich ist auch der Adonis Pool zum Baden geeignet, allerdings ist der Zugang wirklich schwer und nicht ungefährlich, da das Naturschwimmbecken bereits zur Gezeitenmitte überspült ist.

Auf dem Weg nach Süden passiert man einige **Ruinen alter Silberminen.** Der Bergbau auf Sark wurde 1847 eingestellt, das Gebiet der Minen ist in Privatbesitz, weshalb eine Erkundung nicht erlaubt ist. Es wäre außerdem sehr gefährlich, da die Minen nicht für Besucher gesichert sind.

Da La Coupée immer weiter **erodiert,** wird Little Sark in Zukunft einmal eine separate Insel sein.

59 Little Sark Dolmen ★

Der Dolmen stammt aus der Steinzeit und steht im **Südwesten von Little Sark** 58. Er ist nur teilweise erhalten und besteht aus einem dreieckigen Deckstein und fünf Tragsteinen, die eine Kammer bilden. Zum Teil ist er mit Flechten überzogen.

Mit dem Fahrrad oder zu Fuß geht es zunächst zum **La Sablonnerie Hotel** (s. S. 68). Ab hier folgt man den **Markierungen in Richtung Venus Pool** nach links. Am Ende des Schotterwegs biegt man in den Pfad nach Osten ab und steigt ein Stück hinunter bis zum Dolmen.

La Coupée verbindet Sark mit der Halbinsel Little Sark

Strände

Die beiden wichtigsten Strände auf Sark liegen in der **Dixcart Bay** 56 und der **Derrible Bay** 55. Beide sollte man nur bei Ebbe besuchen, wobei der Zugang zur Dixcart Bay einfacher ist – daher ist sie ideal zum Baden.

Anreise

Die **Fährüberfahrt** von Guernsey nach Sark dauert etwas mehr als eine Stunde. Man kann die Tickets bereits im Vorfeld **online reservieren**, in der Hochsaison ist dies in jedem Fall ratsam. Das Büro und die Ablegestelle befinden sich am **Hafen von St. Peter Port**. Die Fähren verkehren mehrmals pro Tag.

■ **Sark Shipping Company** <76> Hafen St. Peter Port, Guernsey GY12LN, www.sarkshipping.gg, Tickets (Hin- und Rückfahrt): Erw. £29,50, Kinder £13,75

Infos und Reisetipps

› **www.sark.co.uk:** Internetpräsenz der Insel Sark mit vielen Infos für Aktivitäten, Attraktionen und Veranstaltungen

› **Sark Tourism Office** <77> The Avenue, Sark GY100SD, Tel. +44 (0)1481 832345, www.sark.co.uk, Mo–Fr 9–16, Sa 9–14 Uhr. Informationen zur Insel, Broschüren und Beschreibungen von Rundwegen, Stränden und Buchten, dazu Infos für Familien. Die Angestellten helfen gerne bei allen Fragen.

› **Sark Museum** <78> Rue Lucas, Sark GY101SG, Tel. 01481 832345, tgl. 14–16.30 Uhr, Fr/Sa bis 17.30 Uhr. Gibt einen guten Überblick über die Geschichte Sarks.

› **Gartentouren:** Auf Sark gibt es viele wunderschöne Privatgärten, man darf diese jedoch normalerweise nicht betreten. Von Mai bis September kann man freitags an einem organisierten Spaziergang teilnehmen und einzelne Gärten besuchen. Am besten fragt man im Sark Tourism Office danach.

› **Sarkfest:** s. S. 113

Unterkünfte

Es gibt eine Menge Unterkünfte auf Sark, die man über die Website des Sark Tourism Office (s. links) auswählen und buchen kann. Neben zwei Hotels stehen eine große Anzahl schöner B&Bs und Cottages sowie zwei Campingplätze zur Wahl.

› **Clos de Menage Country House** ££ <79> Rue du Fort, Sark GY101SF, Tel. 01481 832091, david.curtis@cwgsy.net. Einladendes Bed and Breakfast in einem Haus aus den 1930er-Jahren. Hier bekommt man Produkte vom eigenen Bauernhof. Rustikale, gemütliche Zimmer. Auf Anfrage kocht die Hausherrin gern ein Abendessen.

› **La Sablonnerie Hotel** £££ <80> Little Sark GY101SD, Tel. 01481 832061, www.sablonneriesark.com. Kleines Hotel auf Little Sark. Gemütliche Zimmer im typisch englischen Stil. Wenn man am Nachmittag Lust auf einen hervorragenden Sark Cream Tea hat, dann ist man hier genau richtig. Leckere Gerichte mit Zutaten vom eigenen Hof bzw. aus den eigenen Gärten. Halbpension möglich.

› **La Valette Campsite** £ <81> La Valette, Sark GY101SD, Tel. 01481 832066, www.sercq.com. Der Campingplatz liegt an der Ostküste mit herrlichem Blick auf Alderney und Frankreich. Das weitläufige Gelände ist vor allem für Familien ideal. Der Platz verfügt über Toiletten und Duschen.

› **Le Vieux Clos Guest House** ££ <82> Rue du Moulin, Sark GY101SA, Tel. 01481 832341, www.levieuxclos.co.uk. Das kleine, adrette Guesthouse steht zentral fast am höchsten Punkt der Insel. Das

Haus im Georgianischen Stil stammt aus dem Jahr 1860. Angeschlossen ist ein ruhiger Garten zum Entspannen.

- **Pourquoi Pas** ££ <83> Sark GY101SD, Tel. 07781 132260, über Buchungsportale buchbar. Schöne Zimmer in einer gemütlichen Blockhütte auf dem Gelände von Caragh's Chocolates & Tea Garden. Im Garten kann man lauschig sitzen. Abends ist es hier wunderbar ruhig.
- **Stocks Hotel** ££££ <84> Sark GY101SD, Tel. 01481 832001, www.stockshotel.com. Familiengeführtes, komfortables Luxushotel im Landhausstil im Herzen Sarks. Das Restaurant nutzt nach Möglichkeit lokale Produkte wie Meeresfrüchte oder Kräuter aus dem eigenen Garten. Letzterer wird nach den Prinzipien der Permakultur gepflegt.
- **Sue's B&B** ££ <85> Cae de Mat, Sark GY101SA, Tel. 01481 832107, www.suebnb.com. Charmantes B&B mit modernen, luftigen Zimmern und einem idyllischen, großen Garten. Das köstliche Frühstück des Hauses wurde von der Organisation Quality In Tourism ausgezeichnet. Sues Mann George bietet Ausflüge mit seinem Boot an, er hat jede Menge zu zeigen und zu erzählen.

Essen und Trinken

- **Caragh's Chocolates & Tea Garden** ££ <86> nahe La Coupée, Sark GY101SD, Tel. 01481 832703, www.caraghchocolates.com. Das Café neben der grandiosen Schokoladenproduktion von Caragh ist ein echter Familienbetrieb. Die Schokolade ist ein Muss, auch den Lieben zu Hause kann man etwas mitbringen. Ganz in der Nähe steht das Pourquoi Pas (s. oben), eine Blockhütte zum Übernachten.
- **Hathaways** ££ <87> La Seigneurie Gardens, Sark GY101SF, Tel. 01481 832209, www.laseigneuriegardens.com, in der Saison tgl. geöffnet. Wunderbar gelegen in den Gärten des Herrenhauses La Seigneurie. Leckere Speisen von einem nach französischer Tradition ausgebildeten Koch. Ausgezeichneter Cream Tea. Reservierung für das Abendessen erwünscht.
- **Nicole's** ££ <88> Sark GY90SD, Tel. 01481 832302, www.nicoles.sark.gg, Mo geschl. Nettes Restaurant mit eigenem Garten. Hier bekommt man frisches Seafood und andere lokale Gerichte.
- **Shenanigans Café** ££ <89> Le Grand Fort, Sark GY101SH, Tel. 01481 832827, www.facebook.com/shenaniganscafesark, nur im Sommer geöffnet. Charmantes, ländliches Café im Nordosten der Insel.

034gu-mm

[>] *Bei Caragh's Chocolates können Schleckermäuler eine Pause einlegen*

Alderney

Alderney ist die **drittgrößte** und die **nördlichste der Kanalinseln** und liegt nur 15 Kilometer von der französischen Küste entfernt. Hier leben etwas mehr als 2000 Menschen. Die Insel besitzt keine Wälder, auch die üppige Vegetation der anderen Kanalinseln sucht man hier vergebens. Trotzdem ist die Insel ein **Naturparadies.** Auf Alderney geht es verhältnismäßig ruhig zu, die Insel bietet tolle Wanderwege entlang der Küste und ist die Heimat vieler Vögel, etwa **Papageientaucher** (s. S. 117). Somit lockt Alderney vor allem Naturliebhaber und weniger Sightseeing-Touristen. Der einzige Ort auf der Insel ist **St. Anne mit seiner Kirche** 60.

Alderney erreicht man von Guernsey aus mit den kleinen **Flugzeugen von Aurigny**, deren Name sich von der traditionellen Bezeichnung Alderneys ableitet (Details s. Anreise auf S. 58).

Auch auf Alderney gibt es Hinweise auf eine **Besiedelung im Neolithikum** und in römischer Zeit. Wie die anderen Kanalinseln war Alderney zunächst Teil des Herzogtums der Normandie und ab 1204 Eigentum der englischen Krone. Aufgrund seiner geografischen Nähe zu Frankreich befestigte man die Insel sehr gründlich, da man eine Invasion der Franzosen befürchtete. Aus jener Zeit stammen etliche **Forts** entlang der Küste, etwa **Fort Albert** 64, **Fort Tourgis** 72 und **Fort Chateau a L'Etoc.** Einige dieser Festungen sind in Privatbesitz, andere – wie das **Fort Clonque** und das **Fort Corblets** – beherbergen heute Unterkünfte für Touristen.

Während des **Zweiten Weltkriegs** war Alderney von den Deutschen besetzt. Die gesamte Bevölkerung wurde damals evakuiert. Die Nazis bauten zwei Arbeits- und zwei Konzentrationslager auf Alderney. Die Lagerinsassen mussten an der Befestigung der Kanalinseln unter furchtbaren Bedingungen Zwangsarbeit leisten. Noch heute gibt es unzählige Bunker, Tunnel und Befestigungen aus der **deutschen Besatzungszeit**, u. a. das **Odeon** 66. Die meisten sind, wenn nicht auf privatem Grund stehend, frei zugänglich. Jedoch sollte man bei einer Besichtigung sehr achtgeben, da sie häufig nicht gesichert sind. Gerade Tunnel sind mitunter einsturzgefährdet.

Vor dem Zweiten Weltkrieg war Alderney politisch und finanziell unabhängig von Guernsey. Nach Kriegsende versuchte man, daran anzuknüpfen, was jedoch nicht gelang. Also wurde Alderney 1949 politisch wieder in die **Verwaltung Guernseys** eingegliedert.

Für eine Erkundung des Ostteils der Insel empfiehlt sich die **Wanderung 6** (s. S. 108).

KURZ & KNAPP

Blonde Igel

Auf Alderney gibt es eine kuriose Besonderheit: blonde Igel. Dabei handelt es sich um eine seltene **leukistische (helle) Form des Europäischen Igels.** Ein Viertel von Alderneys Igeln ist blond und es ist daher recht einfach, sie zu sehen. Sie sind auf der gesamten Insel zu finden, vorrangig von Frühjahr bis Herbst und am ehesten kurz nach Sonnenuntergang.

Die kleine Victoria Street bietet sich zum Bummeln und Einkehren an

60 Saint Anne mit Kirche ★★★

St. Anne ist der einzige Ort auf Alderney. Die **Hauptstraße** von St. Anne ist die **Victoria Street** mit ihren Geschäften, Pubs, Restaurants und Hotels. Auch ein kleines Kino gibt es hier in der Straße.

Eine besondere Sehenswürdigkeit ist die **Kirche** mit ihrem Friedhof. Sie wurde vom Sohn des letzten Gouverneurs der Insel, **John Le Mesurier** (1781–1843), in Erinnerung an seine Eltern in Auftrag gegeben und schließlich 1850 geweiht. Im Inneren der Kirche sieht man **Gedenktafeln** der Familie Le Mesurier, die von 1714 bis 1825 die Gouverneure der Insel stellte. Die Kirche zählt gewiss zu den schönsten viktorianischen Gebäuden in dieser Region. Angesichts ihrer Größe wird sie auch „Kathedrale der Kanalinseln“ genannt. Diese ist auch darauf zurückzuführen, dass sie als eine Art Garnisonkirche für die Soldaten dienen sollte, die hier wegen des Konflikts mit Frankreich stationiert waren.

Die Kirche besitzt **zwölf Glocken,** die regelmäßig von Freiwilligen geläutet werden. Der Glockenturm lässt sich während der Übungszeiten des Vereins Alderney Bell Tower besichtigen.

› **St. Anne's Church,** Victoria Street, St. Anne GY93TD, http://alderneybells.com

61 Alderney Society Museum ★★

Das Museum widmet sich der **Geschichte Alderneys.** Beginnend mit der Stein-, Bronze- und Eisenzeit, erfährt man zudem viel über die römischen Spuren auf der Insel. Auch der Wandel im viktorianischen Zeitalter wird thematisiert, ebenso die deutsche Besatzung und die Evakuierung Alderneys im Zweiten Weltkrieg. Das Museum hat inzwischen mehrere Auszeichnungen erhalten.

› High Street, St. Anne GY93TD, www.alderneysociety.org/museum.php, April–Okt. Mo–Fr 10–12 und 14.30–16.30, Sa/So 10–12 Uhr, Eintritt: Erw. £3, Kinder Eintritt frei

035gu-mm

62 Alderney Railway ★★

Die Eisenbahnlinie auf Alderney wurde 1847 gebaut, um Granitsteine von einem Steinbruch im Nordosten der Insel zum damaligen Hafen an der Braye Bay 63 zu befördern. Heute ist die **Eisenbahnstrecke,** die **einzige auf den Kanalinseln,** eine Touristenattraktion. Vom kleinen „Bahnhof" an der Braye Bay tuckert man drei Kilometer bis zum **Steinbruch Mannez Quarry** in der Nähe des Leuchtturms 65. Es gibt sogar eine **Miniatur-Ausgabe** der Bahn.

› www.alderneyrailway.gg, Mai–Sept. Sa 14 u. 15.30 Uhr, Juli–Aug. auch So 14 u. 15.30 Uhr, Tickets: Erw. £ 6 (Hin- und Rückfahrt), £ 4 (einfache Fahrt), Kinder £ 3 (Hin- und Rückfahrt), £ 2 (einfache Fahrt), Fahrt mit der Miniatur Railway £ 1

63 Braye Bay ★★

Der **weite Sandstrand** macht die Braye Bay zu einem der malerischsten Strände auf Alderney. Die Nähe zu St. Anne sorgt zudem für weitere Beliebtheit. In Hafennähe begrenzen einstige **Lagerhäuser** aus dem 18. Jh. die Bucht und schaffen ein schönes Ambiente. In den Häusern sind heute einige **Cafés und Pubs** untergebracht.

Braye Harbour wurde im 19. Jh. errichtet und in der Folge erweitert. In den Jahren 1847 bis 1864 kam der mächtige **Wellenbrecher (Breakwater)** hinzu. Zuvor nutzte man den gefährlichen und unfallträchtigen Hafen in der Longis Bay 67. Nahezu alle Waren kommen heute im Hafen von Braye an.

Fort Grosnez steht am Alderney Breakwater oberhalb der Braye Bay und sollte Bay, Hafen und Wellenbrecher verteidigen können. Es wurde zwischen 1850 und 1853 als erste viktorianische Festung errichtet. Während der deutschen Besatzungszeit wurde das Fort **Stützpunkt Josephsburg** genannt.

64 Fort Albert ★★

Östlich der Braye Bay 63 thront Fort Albert auf einer **Erhebung** und bietet eine **wunderbare Aussicht** auf die Bucht. Wie alle viktorianischen Festungen auf Alderney stammt die Burg aus der Mitte des 19. Jh. Damals wollte man die Insel und ihre Häfen im Zuge einer möglichen Invasion durch die Franzosen befestigen. Der ursprüngliche Name der Anlage lautete **Fort Touraille.** Anlässlich des Todes von Prinz Albert im Jahr 1861 erhielt es aber seinen neuen Namen. Fort Albert war eines der letzten Forts, das errichtet wurde. Es sollte nicht nur die Küste befestigen, sondern zugleich als Rückzugsort bei einem Angriff dienen. Im Zweiten Weltkrieg wurde Fort Albert von den Deutschen besetzt.

65 Mannez Lighthouse ★★

Der 1912 erbaute, schwarz-weiß gestrichene **Leuchtturm von Alderney** erhebt sich **östlich der Corblets Bay** und hat eine Höhe von 37 Metern. Direkt vor der Küste gibt es gefährliche Strömungen und kaum sichtbare Felsen im Wasser, denen mehrere Schiffe zum Opfer fielen.

Bis vor einigen Jahren hatte der Leuchtturm eine Reichweite von 45 Kilometern und besaß ein Nebelhorn, das man in bis zu sieben Kilometern Entfernung hören konnte. 1997 wurde der Leuchtturm automatisiert, 2011 nahm man das Nebelhorn außer Betrieb und reduzierte die Reichweite der Lampen auf 22 Kilometer. Eine Besichtigung des Leuchtturms im Rahmen einer Führung ist derzeit nicht möglich.

› **Alderney Lighthouse,** www.trinityhouse.co.uk/lighthouses-and-lightvessels/alderney-lighthouse

66 Odeon ★

Das Odeon ist ein Relikt der **deutschen Besatzungszeit.** Das beeindruckende fünfstöckige Betongebäude diente als **Beobachtungsturm.** Man kann es derzeit nur von außen besichtigen, das Innere ist **aufgrund von Renovierungsarbeiten gesperrt.** Ist es geöffnet, dann genießt man von oben einen grandiosen Blick bis zur französischen Küste.

67 Longis Bay ★★

Longis Bay ist die **größte Bucht** auf Alderney. Bis ins 18. Jh. befand sich hier der **Hafen** von Alderney. Dieser war 1736 angelegt worden, allerdings gab es häufig Unglücke, da jeder Sturm eine heftige Strömung in den Hafen führte. Im 19. Jh. verlor der Hafen mit Errichtung von Braye Harbour an Bedeutung. Heute wird die Longis Bay fast auf ihrer ganzen Länge von einer **Panzerabwehrmauer** begrenzt. Diese wurde während der deutschen Besatzungszeit angelegt.

Südlich vorgelagert thront das **Fort Île de Raz,** das nur über einen **Damm** erreichbar ist. Die viktorianische Festung war einst mit zehn Kanonen ausgestattet, um den Hafen zu schützen. Die deutschen Besatzer bauten hier zudem einige Bunker.

Oberhalb der Longis Bay erkennt man die **Essex-Baracken,** die auf den Ruinen des ursprünglichen Fort Essex (auch Essex Castle) aus dem Jahr 1546 errichtet wurden. Essex Castle wurde jedoch nie fertiggestellt.

68 Römisches Fort ★★

Im Süden der Longis Bay 67 steht ein besonderes Monument: eines der besterhaltenen **Forts aus römischer Zeit in Großbritannien.** Es stammt aus der Zeit um 400 n. Chr. und ist auch unter dem Namen **Nunnery Heritage Site** („Kulturerbe Nonnenkloster") bekannt.

Ganz in der Nähe befand sich einst eine römische Siedlung. Das Fort sollte vermutlich den natürlichen Hafen der Bucht schützen. Im Mittelalter nutzte man es weiterhin als Festung und als Unterkunft für Soldaten. Später residierte hier der Gouverneur von Alderney. Während des Zweiten Weltkriegs waren zuerst deutsche Soldaten im Fort stationiert, nach dem Krieg britische. Aus den Kriegstagen stammen noch einige **Bunker** auf dem Gelände. Schließlich kamen auch Touristen hier unter. Nach längeren **Restaurierungsarbeiten** kann das Fort inzwischen wieder besichtigt werden. Vor Ort klären **Infotafeln** über dessen Geschichte auf.

› **Roman Fort,** tgl. 10–16 Uhr, Eintritt frei

69 Hanging Rocks ★★

Die Hanging Rocks sind **Felsen,** die an einem Hang kleben und aussehen, als könnten sie jederzeit ins Meer stürzen. Besonders gut sieht man die Felsen von der benachbarten kleinen Felseninsel **Île de Raz.** Diese erreicht man **bei Ebbe** über einen **Damm** vom Ostende der Longis Bay 67. Natürlich kann man die Hanging Rocks auch vom **Boot** aus betrachten, von Land hingegen ist es nicht ganz einfach: Nur vom **Küstenpfad** kann man einen kurzen Blick darauf werfen.

70 Wildlife Bunker ★★

An der **Südküste** östlich vom Flughafen befindet sich ein Bunker, der im Rahmen einer **Ausstellung** über die **Natur von Alderney** informiert. Von der Schieß- und Beobachtungsbrüstung kann man die verschiedenen Vögel bei ihren Flugmanövern beobachten. **Wanderwege** führen von St. Anne 60 bis zum Bunker.

› frei zugänglich, Eintritt frei

71 Les Étacs ★★

Die Felsen von Les Étacs, auch als **Vogelfelsen** bezeichnet, befinden sich vor der Westküste Alderneys. Hier lebt eine Kolonie von **Basstölpeln.** Mit dem Fernglas kann man die Tiere beim Sturztauchen von den Klippen beobachten – ein eindrucksvolles Erlebnis.

Am besten mit dem Fernglas zu sehen: Basstölpel umschwirren die Felsen von Les Étacs

72 Fort Tourgis ★

Fort Tourgis steht auf einer **Landzunge** oberhalb der Buchten Clonque und Platte Saline. Es wurde 1855 fertiggestellt und war zu jener Zeit nach Fort Albert 64 die zweitgrößte **viktorianische Festung** auf Alderney – auch heute noch ist der Bau sehr beeindruckend. Das Fort sollte 346 Soldaten beherbergen. Die Mauern verfügen über zahlreiche Schießscharten. Teile des Forts sind für Besucher geöffnet, insbesondere die **Tunnel** von Cambridge Battery und Batterie Nr. 3. Hier wird deutlich, wie die deutschen Besatzer die viktorianischen Befestigungen im Zweiten Weltkrieg umgebaut haben.

Ganz in der Nähe der Festung, auf einem kleinen Hügel, befindet sich der frei zugängliche **Roc à l'Epine,** auch bekannt als **Tourgis Dolmen.** Die Grabkammer stammt aus dem Neolithikum, und zwar aus der Zeit um 4000 v. Chr. Der Deckstein ruht auf zwei Stützsteinen. Der Dolmen ist in einem guten Zustand und einen Besuch wert.

036gu-mm

MEIN TIPP

Papageientaucher auf Burhou

Die flache, lang gestreckte **Insel Burhou** ist die Heimat der Papageientaucher. Jedes **Frühjahr** treffen ca. 100 Paare der possierlichen Vögel auf dem winzigen Eiland nordöstlich von Alderney ein. Papageientaucherpaare bleiben ein Leben lang zusammen. Um sie zu schützen, darf Burhou während dieser Zeit nicht betreten werden. Mithilfe der vom **Alderney Wildlife Trust** aufgestellten **Kameras** kann man die Tiere aber dennoch beobachten.

› **Webcams:** www.teachingthrough nature.co.uk/webcams

Nicht weit entfernt lockt zudem die frei zugängliche **Wassermühle** im **Tal von Bonne Terre.** Sie wurde 1236 erstmals urkundlich erwähnt. Die heutigen Ruinen stammen allerdings aus dem Jahr 1796, als man die damals verfallene Wassermühle neu aufbaute.

› Fort frei zugänglich, Eintritt frei, eine Taschenlampe wird empfohlen

Strände

Der wohl schönste Badestrand auf Alderney ist die ausgedehnte **Braye Bay** 63. Ebenfalls sehr beliebt ist die **Saye Bay** mit dem benachbarten Campingplatz (s. S. 76). Vor allem Familien zieht es in die weite **Longis Bay** 67.

Anreise

Per Flugzeug

Die Anreise nach Alderney erfolgt vom **Flughafen Guernsey** (s. S. 124) aus mit den kleinen **Flugzeugen von Aurigny.** Mehrmals täglich erreicht man die Insel in nur 20 Minuten (Tickets für Hin- und Rückflug ab ca. £ 99). Wenn der Nebel in Alderney zu dicht ist, fallen die Flüge jedoch aus. Die Flüge lassen sich online buchen. Vom Flughafen kann man sich mit dem **Taxi** nach St. Anne 60 bringen lassen oder man wandert **zu Fuß** in gut 15 Minuten bis in den Ort.

› **Flugzeiten und Buchung:** www.aurigny.com

Per Fähre

Die Anreise per Fähre ist in der Saison (ca. Mitte/Ende Mai–Sept.) ebenfalls möglich, sie dauert allerdings etwas länger als mit dem Flugzeug. Die Fähre setzt **zweimal pro Tag** von Guernsey nach Alderney bzw. in die andere Richtung über. Die Überfahrt dauert ungefähr eine Stunde. Die Fähre legt auf Guernsey in **St. Peter Port** ab und kommt im **Hafen Braye** an. Die Tickets sollte man unbedingt vorab buchen!

■ **The Little Ferry Company** <90> White Rock, St. Peter Port GY12LN, Tel. 01481 724810, www.thelittleferrycompany.com, Tickets (Hin- und Rückfahrt): £ 50

Infos und Reisetipps

› **www.visitalderney.com:** Internetseite der Insel mit umfangreichen Besucherinfos

› **Alderney Visitor Information Center** <91> 51 Victoria Street, St. Anne GY93UF, Tel. +44 (0)1481 822333, www.visitalderney.com/contact, Mo–Fr 9–12 und 14–16, Sa/So 10–12 Uhr. Das Infobüro bietet Tipps zu Unterkünften und Besichtigungen, Broschüren sowie Karten.

Unterkünfte

› **Bonjour Guest House** ££ <92> 16 High Street, St. Anne GY93UG, Tel. 01481 822152, über Buchungsportale buchbar. Gemütliches, familiengeführtes B & B im Zentrum von St. Anne.

- **Braye Beach Hotel** £££ <93> Braye Street, St. Anne GY93XT, Tel. 01481 824300, www.brayebeach.com. Das Viersternehotel mit geschmackvoll dekorierten Komfortzimmern besticht durch seine herrliche Lage am Strand. Sehr freundliches Personal und gutes Restaurant. Die Terrasse lädt zum Verweilen ein.
- **Saye Beach Camping** £ <94> Saye Bay, St. Anne GY93YJ, www.sayebeachcamping.co.uk. Der Campingplatz liegt traumhaft an der Saye Bay mit tollen Möglichkeiten für einen angenehmen Strandaufenthalt. Auch Mietzelte stehen zur Wahl. Auf dem Gelände gibt es zudem einen kleinen Laden.
- **The Blonde Hedgehog** ££ <95> 6 Le Huret, St. Anne GY93TR, Tel. 01481 823230, www.blondehedgehog.com. Nettes Hotel, das aus drei historischen Gebäuden besteht, die sorgfältig renoviert und mit liebevollen Details eingerichtet wurden. Auch ein einladendes Restaurant gehört dazu.
- **The Georgian House** ££ <96> Victoria Street, St. Anne GY93UF, Tel. 01481 822471, www.georgianalderney.com. In dem Hotel in der Hauptstraße von St. Anne stehen vier ansprechende, komfortable Zimmer zur Wahl, dazu gibt es ein gutes Frühstück. Angeschlossen ist ein Pub (s. rechts).
- **The Victoria** ££ <97> Victoria Street, St. Anne GY93UF, Tel. 01481 822471, www.thevictoria.gg. Das Schwesterhotel des Georgian House bietet sechs hübsche, gut ausgestattete Zimmer mit Frühstück an.

Essen und Trinken

- **Braye Chippy** £ <98> Braye Harbour, St. Anne GY93XX, Tel. 01481 823475, Mo geschl. Empfehlenswerte Fish and Chips direkt am Hafen von Alderney, zubereitet mit leckerem, fangfrischem Fisch.
- **Mel's Tearoom** ££ <99> 4 High Street, St. Anne GY93TN, Tel. 01481 822005, Mi u. So geschl. Köstliche Kuchen und selbst gemachtes Eis gibt es in dem kleinen, gemütlichen Teesalon im Ortskern von St. Anne.
- **The Georgian House** ££ (s. links). Gemütlicher Pub mit tollem Restaurant und Garten. Man isst dort schmackhafte, regionale Pub-Gerichte. Am Nachmittag punktet das Lokal mit Scones und *clotted cream* (Rahm).
- **The Moorings Alderney** ££ <100> Braye Street, St. Anne GY93XX, Tel. 01481 822459, www.themoorings.gg, Küche ab 12 Uhr. Gutes Restaurant mit Café-Bar an der Braye Bay. Im Angebot sind köstliche Pizzen und Burger. Sehr zuvorkommender Service.
- **The Old Barn** ££ <101> Longis Road, St. Anne GY93YB, Tel. 01481 822537, Mo/Di geschl. Gemütliches Restaurant im Nordosten von Herm, in der Nähe der Longis Bay, mit schönem Garten, das schmackhafte *Pasties* (gefüllte Pasteten) serviert.

Einkaufen

- **Alderney Farm Shop** <102> Old Riduna Stores, Victoria Street, St. Anne GY93TA, Tel. 1481 822167, www.facebook.com/alderneyfarmshop, So geschl. Familiengeführter Hofladen im Stadtzentrum mit lokalen Produkten von Fleisch über Gemüse und Früchten bis zu Backwaren.
- **The Alderney Centre** <103> 7 Victoria Street, St. Anne GY93UF, Tel. 1481 822646, https://thealderneycentre.com. Souvenirshop und Zeitschriftenhandel im Zentrum von St. Anne. Auch Kinderspielzeug im Angebot.

AUSFLUG NACH JERSEY

096gu-as©hanseat - stock.adobe.com

Jersey ist die flächenmäßig **größte** und mit über 100.000 Einwohnern auch die **bevölkerungsreichste Kanalinsel.** Sie liegt in direkter Nachbarschaft zur französischen Küste am Südrand des Ärmelkanals. Eigentlich ist sie einen eigenen Urlaub wert, aber auch ein ein-, zwei- oder dreitägiger Ausflug lohnt sich. Die klimatischen Bedingungen sind ideal, sodass Urlauber hier eine ebenso vielfältige Flora vorfinden wie auf Guernsey – auch die Dramatik der Gezeitenunterschiede (s. S. 118) lässt sich hier erleben. Es gibt sensationelle Steilküsten, wunderbare Sandstrände und ein Dünenmeer. Im Süden trifft man auf ein kilometerlanges **Felsenwatt,** das sich bei Ebbe durchwandern lässt. Mitten im Watt stehen Aussichtstürme, die sich zum Teil besuchen lassen (z. B. Seymour und Icho Tower, s. S. 87), und breiten sich Austernbänke aus, an denen man vorbeispaziert. Im Norden dagegen beherrscht eine eindrucksvolle **Steilküste** die Landschaft. Gerade dieser Küstenabschnitt lädt zum Wandern, Kajakfahren und weiteren Outdoor-Aktivitäten ein. Jersey glänzt mit einer Vielzahl interessanter **Sehenswürdigkeiten**, von **Megalithanlagen** und ehrwürdigen Kirchen bis zu Attraktionen wie Jerseys Zoo 87.

Vorseite: Das Corbière Lighthouse 78 an der Südwestspitze Jerseys

Der Süden

73 Saint Helier ★★★

Die **Inselhauptstadt** liegt an der **Südküste** Jerseys. Sie bietet viele Sehenswürdigkeiten und die größte Auswahl an Restaurants und Ausgehmöglichkeiten für den Abend. Allerdings darf auch nicht verschwiegen werden, dass die Inselkapitale mit ihren über 30.000 Einwohnern oft ziemlich hektisch wirkt, besonders wenn man einmal während des Berufsverkehrs in einer der Straßen im Stau steht. In St. Helier haben zahlreiche Banken, Versicherungen und Unternehmen ihren Sitz. Die Stadt ist somit das wirtschaftliche Zentrum der Insel. Im Hafen kommt man mit der **Fähre** an (Details zur Anfahrt s. S. 90).

Benannt ist die Stadt nach dem **Mönch St. Helier**, der im 6. Jh. im Rahmen einer Missionsreise mit dem hl. Markulf nach Jersey gelangte.

Neben Elizabeth Castle 74 sind der wunderschöne viktorianische **Central Market** (s. S. 92) und das **Maritime Museum** mit der angeschlossenen Wandteppich-Ausstellung eine Stippvisite wert.

Das mächtige Elizabeth Castle bewacht die Inselhauptstadt

Das Häusermeer von Saint Helier

052gu-mm

> **Maritime Museum** <104> New North Quay, St. Helier JE23ND, Tel. 01534 811043, www.jerseyheritage.org/places-to-visit/maritime-museum, Mitte März–Okt. tgl. 10–17 Uhr, Nov.–Mitte März So. 10–16 Uhr, Eintritt: Erw. £ 10,60, Kinder 6–16 Jahre £ 6,90

74 Elizabeth Castle ★★★

Die mächtige **Burg** thront exponiert auf einem Felsen südlich der Inselhauptstadt. Ursprünglich stand hier eine **Abtei** aus dem 11. Jh. ganz in der Nähe des Felsens, auf dem der Mönch St. Helier wohnte. Die Festung wurde im 16. Jh. erbaut, als das Mont Orgueil Castle 82 an der Ostküste für die Verteidigung Jerseys nicht mehr ausreichte. Der erste Teil der Burg entstand am höchsten Punkt mit einem runden Turm. Im 17. Jh., während des Englischen Bürgerkriegs, errichtete man den Vorposten **Fort Charles.** Zwischen Burg und Fort befand sich ein Graben. Auf dem Gelände gibt es u. a. ein Café, ein Militär- und ein historisches Museum.

An der Südspitze der Insel liegt **Hermitage Rock.** An der Spitze des Felsens erhebt sich eine kleine Kapelle. Diese steht auf einer Höhle und wurde im 12. Jh. errichtet. In der Höhle soll St. Helier als Eremit gelebt haben. In den Felsen kann man häufig **Austernfischer** mit ihrem markanten orangefarbenen Schnabel beobachten.

Bei **Ebbe** kann Elizabeth Castle auf einem 750 Meter langen **Übergang** zu Fuß erreicht werden. Dieser wurde bereits im 19. Jh. angelegt.

Bei **Flut** ist die Burg allerdings von der Inselhauptstadt abgeschnitten. Dann setzt man mit speziellen **Amphibienfahrzeugen** ganz bequem zur Burg über.

> **Castle Ferry Kiosk,** Les Jardins de la Mer, West Park, St. Helier JE33NU, Tel. 01534 723971, www.jerseyheritage.org/places-to-visit/elizabeth-castle, Mitte März–Okt. tgl. 10–17.30 Uhr, Eintritt: Erw. £ 12,70 bzw. £ 15,65 inkl. Fähre, Kinder 6–16 Jahre £ 8,25 bzw. £ 11,20 inkl. Fähre, Familien £ 37,70 bzw. £ 49,40 inkl. Fähre

75 Saint Aubin ★★

Das kleine **Fischerdorf** mit seinem Hafen und den lieblichen Häusern verströmt ein ganz besonderes Flair. Der Ort liegt am **westlichen Ende der St. Aubin's Bay,** jener weiten Bucht, die sich von St. Helier 73 bis hierher erstreckt.

Besonders schön ist es hier an einem lauen Sommerabend. Man sitzt unter glitzernden Lampen und bewundert in der Ferne das angestrahlte Elizabeth Castle 74 und die Festungsanlage des Ortes. In dieser weiten Bucht starteten und landeten früher die Flugzeuge, bevor der heutige Flughafen gebaut wurde, denn es gab hier damals einen gezeitenabhängigen Flughafen.

Auf einem kleinen Felsen vor dem Ort thront die Burganlage **St. Aubin's Fort**, die bei Flut vollständig vom Meer umgeben ist. Durch die vielen alteingesessenen Hotels und die zahlreichen Restaurants sowie Bars hat sich St. Aubin zu einem **beliebten Touristenort** entwickelt. Lohnenswert ist ein Besuch der **Harbour Gallery** mit angeschlossenem **Café.**

Im Ort beginnt der **Corbière Walk** auf der Route einer stillgelegten Eisenbahntrasse. Heute kann man auf dem Weg gemütlich wandern oder mit dem Fahrrad bis zum Corbière-Leuchtturm 78 fahren.

› **Harbour Gallery** <105> Le Boulevard, St. Aubin, St. Brelade JE38AB, Tel. 01534 743044, www.theharbourgalleryjersey.com, tgl. 10–17 Uhr, Eintritt frei

76 Noirmont Point ★★

Südlich von St. Aubin 75 liegt die **Halbinsel Noirmont** mit dem Noirmont Point. Auch hier waren die deutschen Besatzer mit Befestigungsanlagen zugange. Die **Bunker und Kanonen** können teilweise heute noch besichtigt werden und sind als Mahnmal zur Erinnerung an die Toten aus Jersey nach wie vor präsent.

Die **Batterie Lothringen** war die einzige Marineküstenbatterie der Insel und Teil von Hitlers berüchtigtem Atlantikwall. Die Deutschen begannen 1941 damit, die Verteidigungsanlagen in Noirmont Point zu errichten. Diese Gegend ist eine der wenigen unveränderten Ecken der Südküste, mit Ausnahme natürlich der Betonbauten. Die Channel Islands Occupation Society hat die Anlagen inzwischen restauriert. Die Marineküstenbatterie bestand 1944 aus vier 15 cm SK-L/45-Marinegeschützen und einem großen **Befehlsbunker,** der ebenfalls restauriert wurde und ab bestimmten Tagen für die Öffentlichkeit zugänglich ist. In diesem Bunker gibt es viel zu entdecken: Gute zwölf Meter tief erstreckt er sich über

053gu-mm

054gu-mm

zwei Stockwerke. Er diente als Leitstand für die Marineküstenbatterie Lothringen.

Von hier oben am Noirmont Point genießt man eine **wunderbare Aussicht** auf das Meer und die Umgebung. Auf **Fußwegen** kann man zu den Buchten **Belcroute Bay** und **Ouaisné Bay** hinabsteigen. **Ouaisné Common** oberhalb der Bay ist das reichste und vielfältigste **Naturreservat** Jerseys.

77 Saint Brelade ★★

St. Brelade mit seinem weiten Strand ist **recht touristisch.** Viele Restaurants und Hotels befinden sich im Ort. Die Gemeinde selbst nimmt den gesamten Südwesten der Insel ein, also auch das Hafenstädtchen St. Aubin 75 und die Halbinseln Corbière und Noirmont.

Am Noirmont Point sorgt ein kleiner Leuchtturm für Sicherheit

Postkartenidylle: der Hafen von Saint Aubin bei Ebbe

Zwischen beiden Halbinseln liegt sehr geschützt die **St. Brelade's Bay.** Die Bucht besitzt den vielleicht schönsten und sanftesten **Badestrand** Jerseys und ist dementsprechend beliebt. St. Brelade's Bay war bis über das 19. Jh. hinaus sehr spärlich besiedelt. Im 19. Jh. war die unbewohnte Bucht mit ihrem flachen, sandigen Strand der perfekte Ort für Schmuggler.

Im Ort sind die **St. Brelade's Parish Church** und die benachbarte **Fishermen's Chapel** mit ihren **mittelalterlichen Fresken** einen Besuch wert.

78 Corbière Lighthouse ★★★

Der **Leuchtturm** ragt südwestlich vom Corbière Point an der **Südwestecke Jerseys** aus dem Meer. Besonders bei Sonnenuntergang ist dieser Ort zauberhaft. Der Leuchtturm wurde 1874 vom Wasser her fertiggestellt und steht auf rotem Granit, der hier abgebaut wurde. Bei **Ebbe** kann man ihn zu Fuß erreichen. Man sollte aber unbedingt auf die **einsetzende Flut** achten – dann kann das harmlos wirkende Meer schnell gefährlich werden. 1946 kam der Leuchtturmwärter ums Leben, als er einem Besucher das Leben retten wollte.

Jersey

Plémont Bay
84 Grosnez Castle
Coastal National Park
Portinfer
Beau-vallet
Grève de Lecq
85
La Houle
Mourier Bay
Coastal National Park
Les Reuses
La Mare Wine Estate
86
Saint Mary (Sainte Mathie)
St John's Manor
Saint Ouen (Saint Ouën)
Coastal National Park
Les Mielles Nature Reserve
St. Ouen's Bay
Saint Peter (St Pierre)
Jersey War Tunnels
79
Nonpareil
La Saut Falluet
La Ville des Quennevais
Beaumont
Bel Royal
Millbrook
Corbière Lighthouse
78
Saint Brélade
77
Les Clos des Sables
Red Houses
La Haule
75
Le Croquet
Saint Aubin
St Aubin's Bay
Petit Port
Poole (UK)
Guernsey
Le Mont ès Croix
La Rosiere
Coastal National Park
Coastal National Park
Belcroute Bay
Ouaisné Bay
St Bretlade's Bay
Portelet
Noirmont Point
Portelet Bay
76

1cm = 1 km
0
2 km
©Reise Know-How 2022
Golfe de Saint-Malo
St. John's Bay
Bonne Nuit Bay
Giffard Bay
Petit Port
Coastal National Park
Bouley Bay
Rozel Bay
Coastal National Park
Saie Harbour
Fliquet Bay
Belval Cove
St.Catherine's Bay
Coastal National Park
Anne Port
Trinity (La Trinneté)
Jersey Zoo 87
Sion
Saint Lawrence
Victoria Village
Saint Martin (St Martin)
Maufant
Dolmen de Faldouët 83
Le Grands Val
Five Oaks
80 La Hougue Bie
Gorey 81
82 Mont Orgueil Castle
Gorey Harbour
Bellozanne
West Park
Saint Helier
73
Saint Saviour (St Saûveux / St Sauveur)
Royal Bay of Grouville
Grouville
Longueville
74
The Islet
Elizabeth Castle
Saint Clement (St Clément)
Le Hurel
Le Haguais
Le Squez
Le Mare
Samarès
Le Hocq
Le Bourg
La Rocque
St. Clement's Bay
La Rocque Harbour
Green Island
La Motte
Coastal National Park
Saint Malo (France)
Granville (France)
Carteret (France)
B52
A9
B67
B63
A8
B50
B51
B31
B27
B46
B38
B91
B29
B30
B62
A6
B28
A7
B37
A2
A1
B60
A14
B61
B46
A3
A4
A16
A17
B24
A5
B48
B37

Der Leuchtturm ist elf Meter hoch und war der **erste Leuchtturm** der Britischen Inseln, der **aus Beton gebaut** ist. Das Licht kann man in bis zu 25 Kilometern Entfernung sehen, trotzdem versuchen kleinere Schiffe nach wie vor, eine Abkürzung zu wählen und verunglücken an versteckten Felsen.

Der Turm lässt sich im Rahmen einer **Führung** mit Sue Hardy besichtigen.

› www.jtga.org/find-your-guide/the-blue-badge/sue-hardy

79 Jersey War Tunnels ★★★

Die Jersey War Tunnels sind **eine der bedeutendsten Sehenswürdigkeiten Jerseys.** Sie liegen östlich von St. Peter's Valley in einem landschaftlich reizvollen Gebiet.

Im Rahmen der Befestigung Jerseys durch die Nationalsozialisten wurde ab 1941 ein **unterirdisches Tunnelsystem** angelegt. Hunderte von **Zwangsarbeitern** wurden von der **Organisation Todt** in Frankreich gefangen genommen, unter ihnen auch Flüchtlinge aus Spanien und Marokko sowie Kriegsgefangene aus Polen und der Sowjetunion, die wie Sklaven behandelt wurden und nur mit Lumpen bekleidet waren. Zwölf Stunden wurde Tag für Tag gearbeitet. Schwere Verletzungen waren an der Tagesordnung, Todesfälle überraschenderweise eher selten. Die Tunnel wurden mithilfe von Schießpulver herausgesprengt und nur einfache Handgeräte standen zur Bearbeitung zur Verfügung. Zum Schluss bedeckte man die Wände mit Beton.

Heute sind die Tunnels zu einem beeindruckenden, aber auch bedrückenden unterirdischen **Dokumentationszentrum** umgestaltet. Nach dem Kauf des Tickets im **Visitor Centre** geht man durch den Eingangsschacht zum Beginn der **Ausstellung.** Im Bereich **„Paper War"** wird die Einführung der deutschen Bürokratie auf der Insel erklärt. Der folgende Abschnitt stellt den **Alltag der Inselbewohner** unter den deutschen Besatzern dar. Sehr beeindruckend ist auch die Ausstellung **„Whispers and Lies"**, in der das Misstrauen der Nachbarn untereinander thematisiert wird. Nicht weniger ergreifend empfindet man die Ausstellung zu **Einzelschicksalen** der Inselbewohner.

Die Darstellung der **Befreiung (Liberation)** am 9. Mai 1945 wirkt dagegen auch für die Besucher befreiend. In einem weiteren Bereich werden noch die geplanten, aber nicht mehr fertiggestellten **Tunnelschächte** gezeigt.

› Les Charrières Malorey, St. Lawrence JE3 1FU, Tel. 01534 860808, www.jerseywartunnels.com, im Sommer tgl. 10–17 Uhr (letzter Einlass 15.30 Uhr), Eintritt: Erw. £ 15, Kinder £ 9

80 La Hougue Bie ★★★

La Hougue Bie ist die **bedeutendste Megalithanlage Jerseys** und eine der wichtigsten Sehenswürdigkeiten auf den Kanalinseln. Die Arbeiten an der Anlage begannen wahrscheinlich um 3500 v. Chr., der zwölf Meter hohe Hügel über der Kultstätte wurde zwischen 2900 und 2500 v. Chr. errichtet. Auf dem Steinhügel befinden sich die **Kapellen Notre Dame de la Clarté** aus dem 12. Jh. und **Jerusalem Chapel** aus dem 16. Jh.

Das beeindruckende **Ganggrab** (s. S. 47) besteht aus 70 Steinen. Man betritt es durch einen niedrigen Eingang und einen darauffolgenden Gang. Insgesamt ist die Kammer

20,40 Meter lang und bedeckt von 12,20 Metern Steinen und Erde. Der 9,70 Meter lange Gang öffnet in die **Hauptkammer**, die noch drei kleinere **Seitenkammern** besitzt. Die Räume sind kreuzförmig angeordnet. Der Hauptraum besteht aus einer neun Meter langen und über drei Meter breiten befestigten Höhle. Sie ist als Heiligtum etwas erhöht. In diesem Bereich gibt es eine Zisterne, eine Grube und drei *bétyles* (kleine, stehende Steine). Der Raum diente vermutlich als Versammlungsplatz für Kultzwecke. Hinter dem Heiligtum gibt es einen weiteren Raum.

Der Eingang liegt genau in Richtung Osten, sodass exakt zweimal im Jahr anlässlich der **Tagundnachtgleiche** die aufgehende Sonne in den Gang bis in den hintersten Teil des letzten Raums scheint.

Auf dem Gelände kann man ein **Museum** besuchen, in dem man viel über die Geschichte Jerseys und des Dolmens erfährt. Hier ist auch der **Hortfund von Grouville** ausgestellt. Dabei handelt es sich um den größten je in Westeuropa gefundenen Depotfund. Er wurde 2012 entdeckt und besteht aus ca. 70.000 keltischen Münzen, die mit Ton zu einem 750 kg schweren Klumpen verbacken sind.

› La Route de la Hougue Bie, Grouville JE39HQ, www.jerseyheritage.org/places-to-visit/la-hougue-bie-museum, Mitte März–Anf. Nov. tgl. 10–17 Uhr, Eintritt: Erw. £ 9,90, Kinder £ 6,45, Familien £ 29,45

057gu-mm

Diese steinerne Kapelle steht über dem Eingang zum Ganggrab La Hougue Bie

81 Gorey ★

Durch seine herrliche Lage an der **Ostküste** und das romantische Ambiente des Mont Orgueil Castle 82 hat sich das schöne Städtchen zu einer der **beliebtesten Touristenattraktion** entwickelt. Bei Ebbe kann man auf dem Sandstrand kilometerweit nach Süden durch die **Royal Bay of Grouville** wandern. Zu Beginn spaziert man dann entlang der reizvollen **Uferpromenade.**

Obwohl St. Helier 73 immer schon Hauptstadt und Sitz der Regierung Jerseys war, befand sich das Zentrum der Macht vier Jahrhunderte lang in der **Hauptfestung** Mont Orgueil Castle. Durch seine Lage war der Hafen schon immer von großer Bedeutung, auch weil er die kürzeste Verbindung zur französischen Küs-

te darstellte. Im frühen 19. Jh. wuchs der Ort schnell, als Hunderte von Austernfischern von der Südostküste Englands nach Jersey zogen. Die Bevölkerung verdoppelte sich und ungefähr 2500 Menschen arbeiteten in der **Austernindustrie.** 250 Boote brachten von jedem Fang 12.000 Austern zurück und bald schon waren die Austernbänke von Gorey überfischt. 1864 waren nur noch 20 Boote übrig, in der zweiten Hälfte des 19. Jh. entstand hier ein neuer Industriezweig: **Werften,** die zuvor kleine Austernboote gebaut hatten, konzentrierten sich nun auf große Schiffe. Auch dieser Industriezweig schrumpfte, als Schiffe aus Holz nicht länger benötigt wurden.

82 Mont Orgueil Castle ★★

Direkt oberhalb des Hafens von Gorey 81 erhebt sich majestätisch Mont Orgueil Castle, die **älteste Burganlage Jerseys,** die sich zudem in einem guten Zustand befindet. Sie stammt aus dem 13. Jh. Der Bau geht auf die Zeit zurück, als England die Normandie an Frankreich verloren hatte, die Inseln aber weiterhin zur englischen Krone gehörten. Der **Name** Mont Orgueil („Stolzer Berg") entstand erst im 15. Jh., zuvor hatte man es einfach „Gorey Castle" oder „King's Castle" genannt. Im Inneren lässt sich u. a. eine **Ausstellung zur Hexenverfolgung** (im Keller) besichtigen. Am höchsten Punkt, dem **Mont,** findet man Wachtürme, eine Kapelle, den Wohnbereich sowie die Repräsentationsgebäude und genießt einen **tollen Blick** bis zur Küste Frankreichs.

› Castle Green Gorey, St. Martin JE36ET, Tel. 01534 853292, www.jerseyheritage.org/places-to-visit/mont-orgueil-castle, Ende März–Okt. tgl. 10–18 Uhr, Nov./Dez. eingeschränkt, Jan. geschl., Eintritt: Erw. £ 13,40, Kinder £ 8,70, Familien £ 39,80

⌃ Maritimes Flair im Hafen von Gorey 81

› Der Seymour Tower lässt sich bei Ebbe zu Fuß erreichen

83 Dolmen de Faldouët ★★

Oberhalb von Gorey 81 steht dieser Dolmen (s. S. 47), der komplett zugänglich ist. Er ist auf der **Rückseite der 10-Pence-Münze** aufgeprägt und stammt aus dem **Neolithikum** (4000–3250 v. Chr.). Ein fünf Meter langer Gang führt in eine **runde Hauptkammer**, die von einem großen Stein bedeckt wird. Dieser Stein wiegt rund 24 Tonnen. Drei kleine **Seitenkammern** und zwei **Zisternen** bilden den Rand der Hauptkammer. 1839, 1868 und 1910 fanden **Ausgrabungen** der Société Jersiaise statt. Gefunden wurden menschliche Knochen von mindestens drei Erwachsenen und zwei Kindern, wovon eines als **vollständiges Skelett** in einer sitzenden Position in einer der Seitenkammern erhalten war. Daneben konnten Schalen, Kelche, Vasen, Flintwerkzeuge, Äxte aus Stein, Hämmer und Schmuckanhänger aus Gabbro sowie Dolerit geborgen werden. Der Dolmen ist neben La Hougue Bie 80 eines von zwei Monumenten auf Jersey, dessen Öffnung auf die **Tagundnachtgleiche** ausgerichtet ist.

056gu-mm

Der Dolmen de Faldouët zählt zu den bedeutendsten Megalithanlagen der Kanalinseln

MEIN TIPP

Wanderung zum Seymour oder Icho Tower

Eine Wanderung **bei Ebbe** zum **Seymour Tower** oder zum **Icho Tower** ist ein sensationelles Erlebnis. Beide Türme befinden sich vor der **Südostspitze Jerseys** inmitten des **Wattenmeers.** Während der Zugang zum Seymour Tower relativ häufig im Jahr möglich ist, sind die Möglichkeiten für eine Wanderung zum Icho Tower deutlich seltener.

Beide Wanderungen sind nicht ungefährlich, man sollte sich daher unbedingt einer **geführten Wanderung** anschließen. Besonders empfehlenswert ist eine Tour mit Trudie Trox von Jersey Walk Adventures, einer Deutschen, die seit ein paar Jahren auf Jersey lebt.

› **Jersey Walk Adventures** <106> La Grande Route de La Côte, St. Clement JE26FW, Tel. 07797 853033, www.jerseywalkadventures.co.uk

055gu-mm

Der Norden

84 Grosnez Castle ★★

Ein traumhafter Ort: Direkt **über den Klippen** an der **Nordwestspitze Jerseys** steht die Ruine von Grosnez Castle. Die Nachbarinseln Guernsey, Sark, Herm und Jethou sind zum Greifen nah. Erbaut wurde die Burg um 1330 zum Schutz vor den Franzosen. Sie war auf drei Seiten von Felsklippen umgeben und deshalb praktisch uneinnehmbar. Da sie allerdings keine eigene Wasserquelle besitzt, wurde sie bald aufgegeben. Schon im 16. Jh. verfiel die Burg zu einer Ruine. Heute stehen noch der **Torbogen** und ein paar **Mauern.** Unterhalb der Burg befindet sich **Grosnez Point** mit einem kleinen **Leuchtturm.**

85 Grève de Lecq ★★

Grève bedeutet „Strand" auf Jèrriais – und tatsächlich befindet sich hier ein **sagenhafter Strand mit goldfarbenem Sand.** „Der Zugang Grève de Lecq ist absolut bezaubernd. Die Landschaft ist meist vergleichbar mit Wales und in manchen Bereichen sogar mit der Schweiz", schrieb der Jersey Times Almanach 1868. Er empfahl den Besuchern, am feinen Sandstrand spazieren zu gehen und die riesigen Wellen zu beobachten, die schäumend und brüllend auf die Küste zurauschen. Auch heute ist der **Ausblick** sowohl in die Landschaft als auch über die Bucht wunderschön und dramatisch.

Lange Zeit waren **Schmuggler** in der Bucht zu Hause, da der Schwarzhandel jahrhundertelang ein sehr profitables Geschäft war. Große Mengen französischer Spirituosen, die von Jerseys Händlern importiert wurden, brachte man zum Verkauf nach England und schmuggelte dabei auch Tabak nach England und Frankreich.

Die **Grève-de-Lecq-Kasernen** zeigen eine **Ausstellung** über das Leben der Soldaten, die Verteidigung der Insel und den Beginn des Tourismus.

› **Grève de Lecq Barracks,** Grève de Lecq, St. Mary, JE32DT, www.nationaltrust.je/project/greve-de-lecq-barracks

051gu-mm

86 La Mare Wine Estate ★

Britischer Wein? Das milde Klima des Golfstroms und die vielen Sonnenstunden machen es möglich. Im La Mare Wine Estate erhält einen vernünftigen Tropfen und kann an einer **Führung durch das schöne Anwesen** teilnehmen.

Im dazugehörigen **Shop** lässt sich nicht nur der Wein kaufen, sondern auch noch andere Leckereien wie Cider, Black Butter (Apfel- und Ciderkonfitüre) oder Schnaps. Auch eine **Obstplantage** gehört zum Weingut. Im **Café**, das ebenfalls Teil des Anwesens ist, kann man einen wohlschmeckenden Jersey Cream Tea (s. S. 115) genießen.

› La Rue de la Hougue Mauger, St. Mary JE33BA, Tel. 01534 481178, www.lamarewineestate.com, März–Okt. tgl. 10–17 Uhr, Eintritt (Tour): Erw. £ 14,95 (online £ 1 günstiger), Kinder 10–17 Jahre £ 8,95

87 Jersey Zoo ★★★

Der im Nordosten gelegene Zoo von Jersey wurde 1959 von dem Naturforscher **Gerald Durrell** (1925–1995) gegründet und ist weit über die Grenzen der Insel hinaus bekannt. Er ist vor allem für seine vielen **Lemurenarten** berühmt, aber auch wegen seiner großzügigen Anlagen für **Menschenaffen.**

059gu-mm

Possierliche Zeitgenossen: Erdmännchen im Jersey Zoo

Groznez Castle – der Name stammt wohl von den Wikingern und bedeutet so viel wie „Felsige Landzunge"

Das Hauptziel des Zoos ist die Aufzucht besonders bedrohter Arten. Bei der Einfahrt zum Gelände wird man von künstlichen Nachbildungen des **Dodos** empfangen, einem im 17. Jh. ausgestorbenen flugunfähigen Vogel von der Insel Mauritius. Spannend ist das **Aye-Aye-Haus.** Das Fingertier ist nachtaktiv und eigentlich im Dschungel Madagaskars zu Hause, mit etwas Geduld kann man es aber auch hier in seinem Gehege entdecken.

› La Profonde Rue, Trinity JE35BP, Tel. 01534 860000, www.durrell.org, tgl. 9.30–18, im Winterhalbjahr bis 17 Uhr, Eintritt: Erw. £ 18, Kinder 3–16 Jahre £ 14

Praktische Reisetipps Jersey

Strände

Jersey bietet reichlich Bademöglichkeiten. Zu den schönsten zählen die Strände in den Buchten **St. Aubin** 75 und **St. Brelade** 77 an der Südküste sowie **Grève de Lecq** 85 an der Nordküste. Badegäste kommen auch in der **St. Ouen's Bay** an der Westküste und der **Plémont Bay** im Norden auf ihre Kosten. Letztere ist allerdings nur bei Ebbe zugänglich. In St. Ouen's Bay sollte man auf die Markierungen achten, da es hier gefährliche Strömungen gibt.

Anreise

Per Fähre

Die Fährüberfahrt von Guernsey nach **St. Helier** 73 **auf Jersey** dauert zwischen einer und zwei Stunden, je nach Geschwindigkeit der Fähre. Man muss die Tickets bereits im Vorfeld **online reservieren,** in der Hochsaison ist dies in jedem Fall ratsam. Die Ablegestelle befindet sich am **Hafen von St. Peter Port.** Die Fähren verkehren je nach Tag und Tidenhub zwischen ein- und dreimal je Tag.

› www.directferries.com, Tickets (Hin- und Rückfahrt ohne Fahrzeug, zu Fuß): Erw. ab £ 50, Kinder ab £ 40

061gu-mm

Per Flugzeug

Die Anreise nach Jersey kann auch vom **Flughafen Guernsey** (s. S. 124) aus erfolgen. Mehrmals täglich erreicht man Jersey in nur 20 Minuten. Die Flüge lassen sich online buchen. Vom Flughafen, der sich ca. 8 km westlich von St. Helier befindet, kann man sich per **Taxi** in die Inselhauptstadt bringen lassen oder man nimmt den **Bus** (Linien 9, 15 oder 22).

› **Flugzeiten und Buchung:** www.blueislands.com, Tickets (Hin- und Rückflug) ab £ 110 pro Person

› **Jersey Airport,** www.jerseyairport.com

Infos und Reisetipps

› **www.jersey.com/de:** Website von Jersey mit vielen nützlichen Infos zur Inselentdeckung

› **Touristeninformationszentrum St. Helier** <107> Liberation Station, Esplanade, St. Helier JE23AS, Tel. +44 (0)1534 859000, www.jersey.com/de, Mo–Sa 8.30–17, So 9–17 Uhr. Hier bekommt man vor allem Informationsmaterial über die Insel und sachkundige Tipps zu den schönsten Sehenswürdigkeiten.

› **St. Helier** ist das **Verkehrszentrum Jerseys.** An der **Liberation Station** starten die Busse, die alle wichtigen Orte anfahren. Die Sehenswürdigkeiten in St. Helier erkundet man am besten **zu Fuß.**

Unterkünfte

› **Somerville Hotel** £££ <108> Le Mont Du Boulevard, St. Aubin, St. Brelade JE38AD, Tel. 01534 741226, www.somervillejersey.com. Das Hotel steht über dem Hafen von St. Aubin und bietet einen sensationellen Ausblick auf die Bucht. Zum Haus gehören ein Swimmingpool und ein eigenes Restaurant.

- **St. Brelades Bay Hotel** £££ <109> La Route de La Baie, St. Brelade JE38EF, Tel. 01534 746141, www.stbreladesbayhotel.com. Nostalgisches Hotel, in dem man vergangenen Zeiten hinterherträumen kann. Direkt am Strand gelegen, mit einem wundervollen, großen Garten.

Essen und Trinken

- **Bonne Nuit Beach Cafe** £ <110> Les Charrières de Bonne Nuit, St. John JE34DD, Tel. 01534 861656, www.bonnenuitbeachcafe.co.uk. Tolles Café am Strand von Bonne Nuit mit thailändischer Küche, in der nur frische lokale Zutaten Verwendung finden. Ein wirklich toller Ort zum Entspannen.
- **Entwhistles Fish & Chip Shop** £ <111> Gorey Village, Grouville JE39EP, Tel. 01534 854603, www.entwhistles.com, So geschl. Traditioneller Fisch-and-Chips-Shop in Gorey. Seit 30 Jahren kauft man in dem Laden die großen Portionen frisch frittierten Fischs mit leckeren Pommes. Wenn man keinen Essig *(vinegar)* über seine Fish and Chips möchte, sollte man dies bei der Bestellung angeben.
- **Le Braye** ££ <112> La Grande Route des Mielles, St. Ouen's Bay, St. Brelade JE38FN, Tel. 01534 481395, www.lebraye.com. Das Restaurant befindet sich direkt am Strand der St. Ouen's Bay und bietet am Abend spektakuläre Sonnenuntergänge mit Blick auf den La Rocco Tower. Es gibt eine schöne Terrasse, wo man bei gutem Wetter essen kann. Ideal nach einem gemütlichen Spaziergang durch die Sanddünen von Les Mielles.
- **Nude Food Beach** ££ <113> La Haule Slip, St. Aubin, St. Brelade JE38BS, Tel. 01534 480808, www.nudefood.je, So geschl. Reizendes Restaurant am Strand in schönem Ambiente. Das motivierte Team serviert leckeres, gesundes Essen.
- **Oyster Box** £££ <114> La route de la Baie, St. Brelade JE38EF, Tel. 01534 850888, www.oysterbox.co.uk. Ein empfehlenswertes Restaurant direkt am Strand, das exzellente Gerichte aus Fisch und Meeresfrüchten zaubert.

Shopping in viktorianischem Ambiente: der Central Market (s. S. 92)

Lauschig: eine von Jerseys beliebten Green Lanes

- **Plémont Beach Café** £ <115> La Route de Plémont, St. Ouen JE32BD, Tel. 01534 482005, www.jersey.com/plemont-beach-cafe. Einmalig gelegenes Café hoch über der Plémont Bay. Gute Küche, u. a. gibt es Cream Tea und Eis. Gehört offiziell zur Gemeinde St. Ouen, liegt aber an der Nordküste. Toller Blick auf die Bucht, vor allem bei Flut sehr eindrucksvoll.
- **Salty Dog Bar & Bistro** ££ <116> Le Boulevard, St. Aubin, St. Brelade JE38AB, Tel. 01534 742760, www.saltydogbistro.com, Mo geschl. Aufgrund der hervorragenden Küche eines der beliebtesten Restaurants Jerseys. Auf der Karte findet man viele Gerichte mit Fisch und Meeresfrüchten.
- **The Green Olive** ££ <117> 1 Anley Street, 1. Stock, St. Helier JE23QE, Tel. 01534 728198, www.greenoliverestaurant.co.uk. Sehr gutes Restaurant mit abwechslungsreicher Küche zu vernünftigen Preisen. Gute, passende Weinauswahl.
- **The Priory Inn Devils Hole** ££ <118> Devil's Hole, St. Mary JE33BD, Tel. 01534 485307, www.randalls-jersey.co.uk/the-priory-inn, Di geschl. Einer der ältesten Pubs auf Jersey. Gemütlich, mit toller Sonnenterrasse und köstlichen Speisen. Ein kühles Breda-Bier aus Guernsey oder das wunderbare Branchage Cider vom benachbarten Weingut La Mare Wine Estate sind absolut zu empfehlen.

Einkaufen

Aufgrund der **niedrigen Mehrwertsteuer** von nur 5 % sind die Produkte auf Jersey verhältnismäßig günstig. Die **Inselhauptstadt St. Helier** (73) eignet sich für einen ausgiebigen Shoppingbummel. Dort gilt die **King Street** als wichtigste Einkaufsstraße. Die traditionellen Gebäude beherbergen viele Läden, vor allem Schmuck- und Bekleidungsgeschäfte – hier kann man wunderbar stöbern. Empfehlenswert ist ferner das Einkaufszentrum **Liberty Wharf**, in dem man auch gut eine Pause einlegen kann. Auch der geschichtsträchtige **Central Market** lohnt einen Besuch.

- **Central Market** <119> 9–13 Halkett Place, St. Helier JE24WL, So geschl. Obst, Gemüse, Fleisch und Feinkost in einer viktorianischen Halle mit Glasdach. Dazu laden Cafés zur Rast ein.
- **Jersey Pearl** <120> La Grande Route des Mielles, St. Ouen JE32FN, Tel. 01534 862137, www.jerseypearl.com. Direkt am Beginn der langen Straße der St. Ouen's Bay steht dieser Schmuckladen. Selbst wenn man nichts kaufen will, lohnt sich ein Besuch, um die Ausstellung zu bewundern und einen Cream Tea im angeschlossenen Café zu genießen.
- **Liberty Wharf** <121> Albert House, La Route De La Liberation, St. Helier JE23NY, Tel. 01534 720033, www.jersey.com/see-and-do/liberty-wharf. Das Shoppingcenter befindet sich zwischen dem Hafen und dem Busbahnhof. Hier erwarten die Besucher mehrere Boutiquen, ein Kaufhaus, Cafés und ein Bistro.
- **Maison de Jersey** <122> 33 King Street, St. Helier JE24WF, Tel. 01534 733090, www.jersey.com/maison-de-jersey, So geschl. In diesem schönen Geschäft für Mitbringsel kann man nach Black Butter, Fudge, Weinen, Cidre und weiteren Leckereien stöbern.

GUERNSEY AKTIV

050gu-mm

Baden

Insgesamt besitzt Guernsey **27 Strände**, die zum Teil sehr unterschiedlich sind, auch abhängig von den **Gezeiten** (s. S. 118). Während bei Flut nur schmale Streifen sichtbar sind, kommen bei Ebbe große Sandstrände zum Vorschein. Aufgrund von **Strömungen** ist das Baden aber nicht überall ungefährlich. Man sollte die Zeiten von Ebbe und Flut (s. Tidenplan auf S. 134) immer im Blick haben. Leider gibt es **keine offiziell bewachten Badestrände** auf der Insel.

Besonders reizvolle Strände finden sich an der **Südküste**, meist eingebettet in die **felsige Steilküste**, darunter die Saint's Bay 20 und die Moulin Huet Bay 19 mit seichtem, türkisfarbenen Wasser und attraktiver Szenerie. Einige Strände sind hier jedoch **schwer zugänglich**, etwa Petit Port [F5–6] und Le Jaonnet Bay 22. Dafür wird man dort mit einer traumhaften, fast menschenleeren Badekulisse belohnt. Einige dieser Strände liegen unter dem Meeresspiegel, weshalb sie **nur bei Ebbe** erreichbar sind. Vielerorts ist eine Infrastruktur, bestehend aus öffentlichen **Toiletten** und einem **Kiosk** oder Café, vorhanden.

Vorseite: Guernsey ist das perfekte Ziel für Wanderfreunde (s. S. 103)

Die Nachbarinsel Herm (s. S. 58) lockt mit herrlichen Stränden

An der **Westküste** gibt es Bademöglichkeiten in der langgestreckten Rocquaine Bay [A–B5] und in der benachbarten L'Erée Bay [B4]. Letztere ist besonders bei Familien mit kleinen **Kindern** gefragt. Auf der Insel Lihou 33 ganz im Nordwesten gibt es mit dem Venus Pool (S. 44) ein kleines **Naturschwimmbecken**, das bei Ebbe gefahrloses Baden erlaubt, allerdings ohne Infrastruktur.

An der **Nordküste** dominieren **weitläufige Sandstrände**, beispielsweise in der Vazon Bay [C3], Cobo Bay 37, L'Ancresse Bay und Pembroke Bay [F1], die sich allesamt gut für Familien mit **Kindern** eignen und eine gute Infrastruktur aufweisen.

An der **Ostküste** gibt es eher wenig Bademöglichkeiten, abgesehen von Bordeaux Harbour [G2] mit kleinem Sandstrand. Hier sind La Valette Bathing Pools 8 in der Hauptstadt St. Peter Port eine Empfehlung.

Beim Baden muss man beachten, dass die **Wassertemperatur** kaum über 19 °C steigt. Beim Test der **Wasserqualität** werden einmal pro Jahr Wasserproben an 13 Stränden genommen. Die Mehrzahl der Strände schneidet regelmäßig hervorrragend ab, darunter u. a. die Cobo Bay, Petit Bôt Bay 23, Saint's Bay, L'Ancresse Bay und Vazon Bay.

Auch die **Nachbarinseln**, die man im Rahmen von Tagesausflügen besuchen kann, bieten einige schöne Strände. Für einen gemütlichen Strandaufenthalt eignen sich die bei-

038gu-mm

den Sandstrände an der Ostküste von **Herm**, Belvoir Beach 49 und Shell Beach 50: Hier kommt fast schon Karibikfeeling auf, wenn nur die geringe Wassertemperatur nicht wäre. Auf **Sark** empfiehlt sich vor allem die Dixcart Bay 56, die auf einem guten Wanderweg erreicht werden kann. **Alderney** bietet mit Braye Bay 63, Saye Bay und Longis Bay 67 wunderschöne, ausgedehnte Sandstrände. Auf **Jersey** ist besonders der familienfreundliche Strand von St. Brelade 77 in der weiten St. Aubin's Bay empfehlenswert.

Sollte es einmal regnen, bietet sich ein Besuch des **Hallenbads** im Norden von St. Peter Port an:

- **Beau Sejour Leisure Centre** <123> Amherst, St Peter Port GY12DL, Tel. 01481 747200, https://beausejour.gg, Öffnungszeiten s. Website unter „Swimming Timetable". Öffentliches Schwimmbad mit einem Hauptbecken für Schwimmer und einem Becken für Anfänger. Finden Kurse statt, ist der Badebetrieb nicht möglich.

Wassersport

Angeln

Gerne angeln die Einwohner Guernseys in der **Pembroke Bay** und der benachbarten **L'Ancresse Bay** [F1]. Auf **Guernsey** und der Nachbarinsel **Sark** kann man sich ein Boot chartern, um auf dem Meer zu fischen. Hierfür sind mindestens zehn Personen erforderlich. Man kann aber auch an organisierten Bootsausflügen mit anderen Angelbegeisterten teilnehmen. Empfehlenswerte **Anbieter:**

- **Out the Blue,** Guernsey, Tel. 07781 104356, www.boatfishing.net
- **Sark Boat Trips,** Tel. 07911 764246, https://sarkboattrips.com
- **Sark Fishing Charter Boat,** Tel. 01481 833099

Seekajakfahren

Die vielfältige Küste Guernseys lässt sich idealerweise im Rahmen einer **Kajaktour** erkunden. **Outdoor Guernsey** bietet solche Ausflüge an. Auch auf **Herm** besteht die Möglichkeit, eine Kajakfahrt zu buchen: Bei der beliebten **Puffin Patrol** (S. 61) sieht man mit etwas Glück die putzigen, kleinen Papageientaucher.

Die Küste von **Sark** lädt ebenfalls zu Kajaktouren ein, als Anbieter empfiehlt sich Adventure Sark.

- **Adventure Sark** <124> Rue du la Seigneurie, Sark GY101SG, Tel. 07781 130403, www.adventuresark.gg, Erw. ab £ 45
- **Outdoor Guernsey** <125> Pumpkin Cottage, L'Erée, St. Pierre du Bois, Tel. 01481 267627, https://outdoorguernsey.gg, Erw. ab £ 35

Mit dem Seekajak auf dem Meer: die Puffin Patrol auf Herm (s. S. 61)

028gu-mm

Segeln

Die Kanalinseln sind ein **beliebtes Segelrevier.** Anlaufpunkt für Segler und Segelkurse auf Guernsey ist der **Guernsey Sailing Trust.**

› **Alderney Sailing Club** <126> Braye Harbour, Alderney GY93XX, Tel. 01481 822959, www.alderneysailingclub.com

■ **Guernsey Sailing Trust** <127> Castle Emplacement, St. Peter Port GY11AU, Tel. 01481 710877, www.sailingtrust.org.gg

■ **Guernsey Yacht Club** <128> Castle Emplacement, St. Peter Port GY11AU, Tel. 01481 722838, www.gyc.org.gg

Stand-up-Paddeln

Im Norden Guernseys, in der Pembroke Bay [F1], bietet **Guernsey SUP** Stehpaddelkurse und Ausflüge an. Auch der Anbieter **Outdoor Guernsey** ist empfehlenswert. Auf **Herm** kann man sich am Shell Beach (50) Stand-up-Paddel ausleihen.

› **Guernsey SUP** <129> Pembroke Bay, Tel. 07781 145152, www.guernseysup.com, Touren ab £20

› **Outdoor Guernsey** (s. S. 95), www.outdoorguernsey.gg/stand-up-paddleboarding, ab £25 für 1 Std.

Tauchen und Schnorcheln

Die Gewässer rund um die Kanalinseln bilden die perfekte Umgebung zum Tauchen. Vom Anfänger bis zum erfahrenen Taucher – hier finden alle vielfältige Möglichkeiten.

Rund um **Guernsey** gibt es viele spannende Tauchplätze, vor allem die **Ostküste** ist aufgrund der geschützten Lage sehr beliebt. Die Buchten Guernseys sind ideal zum Schnorcheln. Aufgrund des **klaren Wassers** kann man bei Tauchgängen oft weit schauen. In den Riffs lassen sich Weichkorallen, Seefächer und Meeresschwämme entdecken, ferner Seeanemonen und die großen Lungenquallen. Außerdem gibt es Delfine. Der beste Zeitraum für Tauchgänge ist von **April bis August**, da dann die wärmste Jahreszeit ist und sich Regenfälle in Grenzen halten.

Taucher kommen auch auf der Nachbarinsel **Sark** auf ihre Kosten, deren Gewässer sich durch eine gute Sicht auszeichnen. Besonderer Beliebtheit erfreut sich hier das **Rifftauchen.** Auf Sark kann man neben Weichkorallen auch Steinkorallen bewundern. Der Wechsel der Gezeiten (s. Tidenplan auf s. S. 134) und die starke Strömung müssen bei der Planung des Tauchgangs unbedingt berücksichtigt werden, da der Tidenhub mit 8 bis 13 Metern sehr beeindruckend ist und das Meer eine gewaltige Kraft ausübt.

Auch **Herm** bietet sich gut für Tauchgänge und Schnorchelausflüge an. Vor allem die Nordküste mit dem **Wrack der Forth** wird häufig besucht.

Guernsey ist bei Seglern sehr gefragt, hier der Jachthafen von St. Peter Port

Alderney dagegen ist wegen seiner Gezeitenströme sehr anspruchsvoll.

Diese **Anbieter** auf Guernsey sind empfehlenswert:

- **Dive Guernsey** <130> The Bunker, Castle Pier, St. Peter Port GY11AU, Tel. 01481 714525, www.diveguernsey.co.uk
- **Island Divers Guernsey,** Tel. 07781 123099, www.facebook.com/IslandDiversGuernsey

Wind- und Kitesurfen

Vor allem die weite **Vazon Bay** [C3] ist ausgezeichnet zum Surfen geeignet, sie gilt als Hotspot für Surfer und Kiter. Hier gibt es auch eine **Surfschule,** die eine große Auswahl an Kursen für Erwachsene sowie Kinder offeriert und Equipment verleiht. Zudem werden einige andere Buchten gern von Surfern besucht, darunter Ladies Bay [F1], Portinifer [E2], Cobo Bay 37, Pembroke und L'Ancresse Bay. **Kitesurfer** kommen vor allem in der Ladies Bay auf ihre Kosten.

- **Guernsey Surf School** <131> Vazon Bay, Castel GY57BF, Tel. 07911 710789, www.guernseysurfschool.co.uk, ab 8 Jahren ab £30 für 1½ Std.

Radfahren

Durch die geringen Geschwindigkeiten, die auf den Inselstraßen gefahren werden können, ist Guernsey besonders **fahrradfreundlich.** Auch die abwechslungsreiche Landschaft, die geringe Größe des Eilands und die Dichte an Sehenswürdigkeiten machen Guernsey zu einem interessanten Ziel für Radfahrer. Auf der gesamten Insel gibt es **gut ausgeschilderte Fahrradrouten,** sodass einem hindernislosen Entdecken nichts im Wege steht. In den verkehrsberuhigten Straßen, den **Ruettes Tranquilles** (s. S. 125), genießen u. a. Radfahrer Vorrang. Dieses Netzwerk ist mit grünen Schildern gekennzeichnet.

Das **Guernsey Information Centre** (s. S. 23) hat eine **Informationsbroschüre** zum Thema Radfahren auf Guernsey veröffentlicht, zusätzlich sind online empfehlenswerte **Radrouten** abrufbar. Beim **Fahrradverleih** kostet ein Rad um die £10 pro Tag, E-Bikes sind ab £20 zu haben. Empfehlenswerte Anbieter:

- **Adventure Cycles** <132> Grand Rue, St. Martin GY46LH, Tel. 01481 232855, www.adventurecycles.net, Mo–Sa 8.30–17.30 Uhr
- **Go Guernsey** <133> Rue de la Hougues Bachelle, St. Saviour GY79QE, Tel. 07781 103692, www.go-guernsey.gg, tgl. 8–18 Uhr, kostenfreie Lieferung der Räder in alle Inselbereiche
- **Radrouten:** www.visitguernsey.com/see-and-do/cycling-routes

040gu-mm

Radfahrerfreundliche Insel: Schild für verkehrsberuhigte Straßen auf Guernsey

Routenverlauf im Faltplan
Die hier beschriebenen Radtouren sind mit einer farbigen Linie im Insel-Faltplan eingezeichnet.

Radtour 1: Rundfahrt durch den Nordosten Guernseys

Die Radtour beginnt am **Kiosk** bei **Les Amarreurs Harbour** und führt zunächst in südöstliche Richtung zum **Dolmen Les Fouaillages** 45. Nach der Besichtigung dieser bedeutenden Megalithanlage erreicht man **L'Ancresse Road**, auf der man nach links abbiegt. Anschließend fährt man, rechts abbiegend, auf der Les Clotures Road und der sich anschließenden Les Mielles Road **nach Osten**, bis links die Rue de la Fontenelle zum **Fort Le Marchant** (s. S. 52) abzweigt. Der letzte Abschnitt erfolgt auf einer Straße, die man nach Besichtigung des Forts wieder zurückfährt. Wenn man wieder die Hauptstraße erreicht hat, fährt man nach links in Richtung Ostküste. Hier befindet sich der kleine **Hafen** des Segelklubs Beaucette Marina und das **Fort Doyle** (s. S. 52). Die letzten Meter zum Fort geht man zu Fuß, das Fahrrad stellt man am Parkplatz ab.

Anschließend radelt man weiter gen Süden. Das nächste Ziel ist der beeindruckende **Dolmen Le Déhus** 43, dem man ebenfalls einen Besuch abstattet. Auf schmalen Straßen fährt man anschließend weiter zum **Bordeaux Harbour**. Am dortigen **Kiosk** kann man eine kleine Pause einlegen. Oberhalb des Kiosks thront **Vale Castle** 42, das man über die Castle Road erreicht.

Danach fährt man – links abbiegend – eine kleine Schleife über die Rue des Barras, vorbei an einem **Wasserreservoir**, und biegt dann von der Rue de Bordeaux in die Straße La Rue Des Petits Houges ab. Jetzt radelt man **nach Norden** bis kurz vor **Le Grand Pré** [G1], ein **Naturreservat**, das verschiedene Vögel wie Teichrohrsänger, Seidensänger und Rohrammer als Brutgebiet nutzen. Ein Besuch lohnt sich.

Nun folgt man der **Hauptstraße** Le Grand Marais/Route des Landes in westliche Richtung. An einer T-Kreuzung biegt man rechts und gleich wieder links in die Braye Road ab. Dasselbe „Manöver" folgt an deren Ende, bis man die Jamblin Road erreicht. Man radelt an einem kleinen See vorbei und vollführt zwei weitere Rechts-Links-Bögen. Über die Straße Le Jamblin erreicht man im Anschluss wieder die **L'Ancresse Road.** Dort radelt man kurz nach Süden, um vor dem Gewässer des **Vale Pond** rechts in die Straße L'Abbaye abzubiegen. Eine kleine Schleife entlang der **Küste** bringt den Radfahrer **zurück zum Ausgangspunkt,** dem Kiosk Les Amarreurs Harbour.

- **Charakter:** Schöne, nicht allzu anstrengende Rundtour, die herrliche Aussichten, enge Straßen, beeindruckende Megalithanlagen und historische Festungen kombiniert. Die Tour ist mit Route Nr. 1 ausgeschildert.
- **Ausgangs- und Endpunkt:** Les Amarreurs Harbour, Kiosk im Nordosten der Bucht Le Grand Havre [F2]
- **Länge:** 14,4 km
- **Dauer:** ca. 2 Std.
- **Höhenunterschied:** 20 Höhenmeter
- **Einkehr:** Kiosk am Ausgangs-/Endpunkt, Kiosk am Bordeaux Harbour ca. nach der Hälfte der Tour

Radtour 2: Inselentdeckung von Nord nach Süd

Vom **Parkplatz in der L'Ancresse Bay**[F1] radelt man in südlicher Richtung bis zu Les Mielles Road, die man quert. Über **schmale Straßen** fährt man weiter nach Süden bis zur Route des Landes/La Grande Rue, der man nach rechts bis zu einer **Kreuzung** folgt. Hier biegt man links ab, um vor einem Teich wieder gen Süden zu fahren. Man überquert die Route du Braye und radelt bis zum nördlichen Ende des **Delancey Parks**[F3]. Von hier genießt man einen **tollen Ausblick** auf die Nachbarinseln Sark und Herm.

Ein Stück weiter südlich wendet man sich nach rechts in die Straße Pointues Rocques und folgt dieser bis zur größeren St. Clair Hill. Nach Überqueren dieser Straße geht es auf der Rue des Bas und der Duveaux Road ein Stück in **nordwestliche Richtung**, bis Le Bordage Road links abzweigt. Bald schon geht es, links abbiegend, auf einer schmaleren Straße namens Les Grandes Capelles nach **Südwesten**. Jetzt durchquert man die Gemeinde St. Sampson und erreicht die nördlichen Ausläufer von St. Peter Port.

Die Route führt über die Straßen Les Canus und Pont Vaillant in einem Bogen weiter nach Süden und bringt den Radfahrer zu einem **Schulgelände**. Hier fährt man kurz nach rechts auf der Rue des Varendes, um an der nächsten Querstraße gleich wieder links abzubiegen. Nun erreicht man die Straße Les Rohais de Haut und, rechts abbiegend, die **Castel Parish Church** 41, die eine Stippvisite lohnt. Wer jetzt Hunger hat, der fährt in entgegengesetzter Richtung zum Lokal **Nineteen Bar and Grill** (s. S. 50) und stärkt sich dort.

> **Charakter:** Abwechslungsreiche, nicht zu beschwerliche Strecke, die einen Großteil der Insel abdeckt und große Hauptstraßen meidet. Die Tour ist mit Route Nr. 11 ausgeschildert.
> **Ausgangspunkt:** Parkplatz in der L'Ancresse Bay[F1]
> **Endpunkt:** Icart Point 21 [E6]
> **Länge:** 14,5 km
> **Dauer:** ca. 2 Std.
> **Höhenunterschied:** 100 Höhenmeter im Anstieg
> **Einkehr:** unterwegs viele Einkehrmöglichkeiten, wie z.B. Nineteen Bar and Grill (s. S. 50) in der Mitte oder La Vilette Hotel (s. S. 37) am Ende der Tour

Im Anschluss folgt man der Rue des Truchots weiter gen Süden und überquert die Route de la Croix au Bailiff. Wenig später folgt ein **steiler Abschnitt** zur Route de Saint-Andrew. Dieser folgt man kurz nach rechts, um wenig später wieder nach links, also Süden, in die Rue de la Boullerie abzubiegen.

Anschließend radelt man bis zur **Hauptstraße** zwischen St. Martin und Forest (Route des Cornus), der man kurz nach links folgt, um gleich an der nächsten Querstraße wieder rechts abzubiegen. Man passiert **La Villette Hotel** (s. S. 37), in dessen **Restaurant** man auch einkehren kann. Weiter geht es gen Süden bis zum **Icart Point** 21, dem südlichsten Punkt Guernseys, von dem man eine **fantastische Aussicht** auf das Meer genießt.

Die **Rückfahrt** lässt sich auf der gleichen Route absolvieren. Man kann aber auch auf der Hauptstraße in nordwestliche Richtung nach L'Erée radeln und dann entlang der Küste zum Ausgangspunkt zurückkehren.

Radtour 3: Rundtour durch den Südosten Guernseys

Vom **Parkplatz am Hotel Jerbourg** (s. S. 37) am aussichtsreichen **Jerbourg Point** 18 radelt man entlang der Zufahrtsstraße, bis links die Straße zum **Blue Horizon Hotel** abzweigt.

Man passiert das Hotel, biegt links in Le Hurrel ab und fährt weiter in nördliche Richtung, bis man an der nächsten Kreuzung scharf nach Süden abbiegt. Es geht, rechts abbiegend, weiter zum Hotel **Bella Luce** (s. S. 36) und dann linker Hand über die Rue du Moulin Huet in Richtung Süden bis zum **Parkplatz** oberhalb der **Moulin Huet Bay** 19. Ein Abstecher hinunter in die traumhaft schöne Bucht lohnt sich in jedem Fall. Im **Moulin Huet Tea Room** (s. S. 34) kann man eine kleine kulinarische Pause einlegen.

- **Charakter:** Diese lange Rundfahrt ist eher etwas für geübte Fahrer. Sie führt zu mehreren einmaligen Aussichtspunkten und ist von landschaftlicher Schönheit geprägt. Die Tour ist mit Route Nr. 7 ausgeschildert.
- **Ausgangs- und Endpunkt:** Parkplatz am Jerbourg Point 18 [F6]
- **Länge:** 19,8 km
- **Dauer:** ca. 3 Std.
- **Höhenunterschied:** 160 Höhenmeter
- **Einkehr:** unterwegs viele Einkehrmöglichkeiten, z. B. der Moulin Huet Tea Room (s. S. 34) oder das Restaurant im Les Douvres Hotel nach dem ersten Drittel der Tour, der Tea Room im Sausmarez Manor 12 gegen Ende der Tour
- **Anfahrt:** von St. Peter Port bis Jerbourg (Buslinie 81)

Zurück am Parkplatz fährt man zunächst ein Stück zurück, biegt dann aber links ab und passiert das **Les Douvres Hotel** (s. S. 37). Im **Restaurant** des Hotels kann man einkehren. Anschließend biegt man links ab und radelt auf einer kleinen Straße hinab zur bildschönen **Saint's Bay** 20. Nach diesem Abstecher geht es wieder zurück bis kurz hinter das **La Barbarie Hotel** (s. S. 37). Der nächste Küstenabstecher führt hinunter zum **Icart Point** 21, von dem man einen **grandiosen Ausblick** über die Südküste genießt.

Vom Aussichtspunkt fährt man ein Stück zurück, um dann in westlicher Richtung über die Rue des Marettes weiterzuradeln. Oberhalb der **Petit Bôt Bay** 23 geht es nun in zwei Schleifen nach Norden, bis man die **Forest Road** erreicht. Dieser folgt man kurz nach links, um dann die nächste Querstraße rechts zu wählen. Anschließend radelt man über **Felder** im Zickzack gen Nordosten in die Nähe des **German Underground Hospitals** 13. Es lässt sich über die Straße La Vassalerie erreichen und ist definitiv einen Zwischenstopp wert.

Weiter geht es in nordöstliche Richtung, man quert die Straße Les Vaurioufs und passiert linker Hand das **Princess Elizabeth Hospital** (s. S. 130). An der nächsten großen **Kreuzung** biegt man scharf rechts in die Straße Les Frieteaux ab und erreicht über die Rue du Varivaray den Showroom von **Catherine Best** (s. S. 37) in einer **restaurierten Mühle** – hier kann man das eine oder andere Schmuckstück erwerben.

Die Route bringt den Radler anschließend in einem Bogen gen Süden zur sehenswerten **St. Martin's Parish Church** 11 mit dem eindrucksvollen **Menhir Gran'mère du Chimquière.**

Von hier fährt man in östliche Richtung zur nächsten größeren Straße, der **Route de Saumarez.** Dieser folgt man bis zum Gelände von **Sausmarez Manor** ⓬ – Herrenhaus und Garten lassen sich besichtigen und im **Tea Room** kann man sich eine Stärkung gönnen.

Nach dem Besuch biegt man nach **Südosten** in die Straße Les Maindonneaux ab und erreicht in einem Bogen die Route de Jerbourg. Auf dieser radelt man bis zum **Ausgangspunkt,** dem Parkplatz am Hotel Jerbourg.

Radtour 4: Unterwegs im Südwesten Guernseys

Vom **Parkplatz in der Rocquaine Bay** [A–B5] fährt man vorbei am **The Imperial Hotel** (s. S. 45) und auf der schmalen Straße entlang der Küste zum **Fort Pezeries** ㉖ und dem benachbarten mysteriösen **Table des Pions.**

- **Charakter:** Diese anspruchsvolle, recht lange Rundtour führt zu schönen Aussichtspunkten und interessanten Sehenswürdigkeiten im Südwesten der Insel. Es gibt eine kurze Schiebepassage am Anfang. Die Tour ist mit Route Nr. 5 ausgeschildert.
- **Ausgangs- und Endpunkt:** Parkplatz in der Rocquaine Bay [B5]
- **Länge:** 18,4 km
- **Dauer:** ca. 3 Std.
- **Höhenunterschied:** 100 Höhenmeter
- **Einkehr:** am Anfang oder Ende in The Imperial Hotel (s. S. 45), nach zwei Dritteln der Strecke in The Longfrie Inn (s. S. 40)
- **Anfahrt:** von St. Peter Port bis zur Haltestelle am Hotel Imperial (Buslinien 91, 92, 93 oder 94)

Nach der Besichtigung der beiden Sehenswürdigkeiten fährt man ein Stück zurück und biegt dann nach rechts in die Rue de la Mare ab. **Steil** geht es hinauf zur **Pleinmont-Hochfläche** ㉕, ein Stück muss man das Rad

Radtour 3: Im Park vom Sausmarez Manor ⓬ *kann pausieren*

042gu-mm

schieben. Oben angekommen, biegt man nach rechts ab zum **Pleinmont Observation Tower** [A5] und zu einer **Bank mit fantastischer Aussicht.** Nach einer kurzen Pause fährt man zurück zur Straße, auf der man vorhin bergauf gefahren ist. Hier wendet man sich nach rechts, um anschließend einen Linksbogen zu vollführen.

Man trifft auf die Straße La Hougue Anthan, die im weiteren Verlauf Route de Pleinmont heißt – dieser folgt man bis zur **Torteval Church** 24, der man einen Besuch abstatten kann. Hinter der Kirche biegt man erst links und dann gleich wieder rechts ab und radelt in einem großen Rechtsbogen weiter. Bevor man wieder auf die Hauptstraße trifft, hält man sich links (Ruette des Jehans). Es geht durch das Inselinnere bis zu einer **Kreuzung,** an der man rechts abbiegt, an der nächsten **Kreuzung** geht es abermals nach rechts. Man überquert die **Route de la Palloterie** und fährt in einem Bogen hinaus zu einem **Aussichtspunkt** an der Südküste, dem **La Prevôtê Tower** [C6], der ursprünglich aus napoleonischer Zeit stammt, aber in seiner heutigen Form auf die deutsche Besatzung zurückgeht. Rechts über Rue des Petiers und La Corbière erreicht man ein Stück weiter östlich **La Corbière** [C6], einen weiteren herrlichen Aussichtspunkt.

Indem man einen kleinen Rechtsbogen fährt, radelt man im Anschluss zurück zur **Hauptstraße** (La Rue du Manoir) und biegt dann rechts ab, um zurück ins Inselinnere zu fahren. Man folgt der Straße, bis man die sehenswerte **St. Peter's Parish Church** 28 und den Pub **The Longfrie Inn** (s. S. 40) erreicht, wo man **einkehren** kann.

Anschließend fährt man auf der Route de Lihou und der sich anschließenden Route des Sages nach Südwesten bis ins Gemeindegebiet von **Torteval.** In einer großen Rechtskurve erreicht man schließlich die **Küstenstraße** in der Nähe von **Fort Grey** 30, dessen **Schiffswrackmuseum** einen Abstecher lohnt. Auf der Küstenstraße fährt man nun nach links zum **Ausgangspunkt.** Abschließend kann man auf der **Terrasse des Hotel Imperial** gemütlich einen Drink zu sich nehmen.

Der Steinkreis Table des Pions 26 *ist eines der Ziele von Radtour 4*

Wandern

Guernsey ist, ebenso wie die Nachbarinseln Herm, Sark und Alderney, ideal zum Wandern. Hier ist für jeden etwas dabei. Vor allem die **Südküste Guernseys** mit ihrem Steilabfall ist ein Traum für Wanderfreunde. Man läuft die ganze Zeit hoch über dem Meer und genießt prächtige Ausblicke.

Auf **Alderney** begeistert die einzigartige Natur, kombiniert mit großer Ruhe und einer Prise Abgeschiedenheit. **Sark** hat wilde und sehr einsame Ecken zu bieten. Die kleine Insel **Herm** besticht dagegen mit ihrem Karibikflair.

Im Folgenden wird eine Auswahl an erlebnisreichen Wanderungen auf Guernsey, Herm, Sark und Alderney vorgestellt. Normalerweise reichen gute Laufschuhe für die Wege, für den Küstenpfad an Guernseys steiler Südküste (Wanderung 1) und für Alderney (Wanderung 6) empfiehlt sich **festeres Schuhwerk.** Es ist ratsam, Sonnenschutz, genug Wasser und Verpflegung mitzunehmen.

Wanderung 1: Entlang der Südküste Guernseys

Von der **Bushaltestelle** an der Rue du Manoir biegt man in die kleine Straße gen Süden. Dieser folgt man, bis Wanderwege zum **Aussichtspunkt La Corbière** [C6] führen. Von dort wandert man auf dem aussichtsreichen **Küstenpfad** in Richtung Westen und genießt dabei einen **unvergleichlichen Ausblick** auf das Meer.

Als Nächstes erreicht man **La Prevôté Tower** [C6], einen Beobachtungsturm der Deutschen. Es geht immer bergauf und bergab, bis man zu einem weiteren **Aussichtspunkt** kommt, an dem man sich **setzen**

043gu-mm

Reizvolle Wanderwege findet man auf allen Kanalinseln

Routenverlauf im Faltplan

Die hier beschriebenen Wanderungen 1 bis 4 sind mit einer farbigen Linie im Insel-Faltplan eingezeichnet.

- **Charakter:** Eine traumhaft schöne Wanderung, bei der man gute Ausdauer mitbringen sollte. Die Auf- und Abstiege an der Südküste sind anstrengend und erfordern Trittsicherheit. Als Belohnung erwartet den Wanderer eine sagenhafte Aussicht.
- **Ausgangspunkt:** Bushaltestelle La Route Bruliaux [C5]
- **Endpunkt:** Bushaltestelle Pleinmont [A5]
- **Länge:** 8,9 km
- **Dauer:** ca. 3 Std.
- **Höhenunterschied:** 90 Höhenmeter im Anstieg, 170 im Abstieg
- **Einkehr:** The Imperial Hotel (s. S. 45) am Ende der Tour, unterwegs keine Möglichkeit, daher Proviant mitnehmen
- **Anfahrt:** mit dem Bus von St. Peter Port bis La Route Bruliaux (Linien 91, 92, 93 oder 94)

und ein wenig durchschnaufen kann. Nach der kleinen Pause geht es auf dem Küstenpfad weiter bis zum **Mont Herault Watchhouse** [B6].

Wer nun fußmüde ist, kann rechts abbiegen und so zu einer Bushaltestelle gelangen, um die Heimfahrt anzutreten. Alle anderen setzen den Weg in Richtung Pleinmont-Hochfläche 25 fort. Bereits hier sieht man den nächsten **Beobachtungsturm** der deutschen Besatzer, den **L'Angle Tower** [A5–6].

Der Wanderweg führt entlang der Halbinsel zum **Pleinmont Nature Reserve,** einem Naturreservat, bei dem sich auch eine Kanone befindet. Wenig später erreicht man den **Pleinmont Observation Tower** [A5]. Unweit des Turms steht eine **Bank,** von der sich eine traumhafte Sicht auf das Meer bis hinüber zum **Leuchtturm Les Hanois** 27 eröffnet.

Nach einer kleinen Pause wandert man auf dem Weg weiter zum geheimnisumwobenen **Table des Pions** 26 und dem benachbarten **Fort Pezeries.** Von hier erkennt man in der Ferne die **Insel Lihou** 33. Anschließend geht es auf der Straße zum **The Imperial Hotel** (s. S. 45), auf dessen Terrasse man sich stärken und den Wandertag ausklingen lassen kann. Mit dem **Bus** fährt man zurück zum Ausgangspunkt.

Wanderung 2: Von St. Peter Port zur Moulin Huet Bay

Vom **Town Terminus** [F4], dem zentralen Busbahnhof in **St. Peter Port,** geht es in südlicher Richtung zum Restaurant **Octopus** (s. S. 26). Hier biegt man nach links ab in die Straße La Valette. Man passiert die **La Valette Bathing Pools** 8 und **La Valette Underground Military Museum** 7 und steigt hinauf zur **Clarence Battery** 9. Von hier genießt man einen **herrlichen Blick** über den Kanal Little Russell bis zur Nachbarinsel Herm.

Über **Stufen** steigt man noch ein Stück bergauf und erreicht eine Straße. Bald wandert man auf einem Pfad weiter und gelangt zum märchenhaften **Bluebell Wood** (s. S. 23). Durch den Wald spaziert man nun weiter gen Süden zur herrlich gelegenen **Fermain Bay** 17. Das **Café** mit Terrasse lädt zu einer erholsamen **Einkehr** ein.

Hinter der Bucht folgt man dem **ausgeschilderten Küstenpfad** bis kurz vor St. Martin's Point und bewundert immer wieder den schönen Ausblick auf das Wasser und die vielen kleinen Buchten. Hier geht es nun **steil bergauf.** Über viele **Stufen** steigt man hinauf zum **Jerbourg Point** 18 mit dem gleichnamigen **Hotel** (s. S. 37). Im angeschlossenen

- **Charakter:** Erlebnisreiche Wanderung von der Inselhauptstadt entlang der Ostküste nach Jerbourg Point 18 und weiter entlang der Südküste zur malerischen Moulin Huet Bay 19. Gute Kondition erforderlich.
- **Ausgangspunkt:** Bushaltestelle Town Terminus in St. Peter Port [F4]
- **Endpunkt:** Bushaltestelle an der Hauptstraße von St. Martin [E5]
- **Länge:** 9,1 km
- **Dauer:** ca. 3½ Std.
- **Höhenunterschied:** 350 Höhenmeter im Anstieg, 250 im Abstieg
- **Einkehr:** Café in der Fermain Bay 17 nach der ersten Hälfte, Hotel Jerbourg (s. S. 37) nach zwei Dritteln oder Moulin Huet Tea Room (s. S. 34) am Ende der Tour
- **Rückfahrt:** mit dem Bus (Linien 91, 92, 93 oder 94)

Café kann man erst einmal eine Verschnaufpause einlegen.

Anschließend wandert man **um die Klippe** herum und folgt dem Küstenpfad in westlicher Richtung. Dem Abzweig zum Strand Petit Port ignoriert man und geht auf dem Pfad weiter bis zum **Parkplatz** oberhalb der **Moulin Huet Bay** ⑲.

Natürlich unternimmt man einen Abstecher in die malerische Bucht. Im gemütlichen **Moulin Huet Tea Room** (s. S. 34) gönnt man sich eine Pause und genießt die **Aussicht** über die Landschaft. Danach geht man zurück zum Parkplatz und wandert auf der schmalen Straße bis zur **Bushaltestelle** an der Hauptstraße von St. Martin.

Blick auf die kleine Insel Lihou ㉝ *von Guernsey aus*

Wanderung 3: Zwei Dolmen und die Insel Lihou

Von der **Bushaltestelle** biegt man in die kleine Straße links ab und erreicht so das nahe **Ganggrab Le Creux ès Faïes** ㉛. Nach der Besichtigung der Megalithanlage wandert man hinüber zum **Causeway**, der in **Richtung Lihou Island** ㉝ führt. Bei **Ebbe** (Zeiten s. S. 134) kann man diesen queren und so das kleine Eiland erreichen. Dank der Abgeschiedenheit brüten hier im Frühjahr viele Vögel. Auf der Insel angekommen, folgt man dem links am Gebäude vorbeiführenden Wanderweg zu den **Ruinen des Klosters.** Der Pfad bringt die Besucher zum westlichen Ende der Insel und führt dann rechtsherum. Ein Stück weiter links unterhalb des Weges befindet sich der **Venus Pool** (s. S. 44), ein Becken, das sich bei Ebbe zum Ba-

093gu-as©Chrislofotos/Chris Lofty - stock.adobe.com

den eignet. Hat man genug Mut, kann man sich hier erfrischen.

Entlang der **Nord- und Ostküste** der Insel wandert man zurück zum Causeway, über den man das Festland wieder betritt. In einem Bogen überquert man die Landzunge und passiert dabei **Fort Saumarez** 32, das sich nur von außen bestaunen lässt. In Richtung Osten gelangt man zur **Küstenstraße** (Route de la Rocque) und wandert an dieser entlang zum **Dolmen Le Trépied** 36. Eine Besichtigung des Ganggrabs ist lohnenswert. Danach steigt man an der dortigen Bushaltestelle in den Bus und fährt zurück zur L'Erée Bay, wo man bei **The Taste of India** (s. S. 41) noch eine Stärkung zu sich nehmen kann.

- **Charakter:** Einfache Wanderung ganz im Nordwesten Guernseys, inklusive Lihou Island 33. Die Tour ist nur bei Ebbe möglich, dabei sind die Übergangszeiten zur Insel (s. S. 44) zu beachten.
- **Ausgangspunkt:** Bushaltestelle L'Erée [B4]
- **Endpunkt:** Bushaltestelle am Dolmen Le Trépied 36 [B4]
- **Länge:** 4,9 km
- **Dauer:** ca. 2 Std.
- **Höhenunterschied:** 30 Höhenmeter im Anstieg, 25 im Abstieg
- **Einkehr:** The Taste of India (s. S. 41) am Ende der Tour, für den Aufenthalt auf der Insel Lihou Proviant mitnehmen
- **Anfahrt:** mit dem Bus von St. Peter Port bis L'Erée (Linien 91, 92, 93 oder 94)

Wanderung 4: Umrundung von Herm

Vom **Hafen der Insel Herm** geht man an den Souvenirständen vorbei und wandert in **nördliche Richtung.** Den Abzweig nach rechts ins Dorf ignoriert man und spaziert geradeaus, bis **Schilder** nach rechts in **Richtung Shell Beach** 50 weisen. Man quert nun die Insel, bis man an dem weiten Sandstrand ankommt. Hier kann man wunderbar **baden** oder sich im **Stand-up-Paddeln** versuchen, am **Ki-**

041gu-mm

- **Charakter:** einfache, gemütliche Tour, ideal zu kombinieren mit einem Badetag auf Herm
- **Ausgangs- und Endpunkt:** Hafen von Herm [I3]
- **Länge:** 5 km
- **Dauer:** ca. 2 Std.
- **Höhenunterschied:** 50 Höhenmeter
- **Einkehr:** Kiosk am Shell Beach 50 und am Belvoir Beach 49, Restaurants am Hafen (z. B. The Mermaid Tavern, s. S. 61)
- **Anfahrt:** mit der Trident Ferry vom Hafen Guernsey nach Herm (s. S. 61)

osk kann man sich mit Snacks versorgen. Anschließend wandert man in südlicher Richtung weiter zum **Belvoir Beach** 49, dem zweiten Badestrand auf Herm, ebenfalls mit einem **Kiosk** ausgestattet.

Dem guten Wanderweg folgend, wandert man dann, vorbei an der Puffin Bay, zur **Südspitze** der Insel. Von der Südostecke Herms genießt man einen **herrlichen Blick** nach Jethou und erreicht wenig später die **Rosaire Steps.** Je nach Gezeitenstand legt die Fähre nach Guernsey manchmal auch hier ab. Falls nicht, spaziert man weiter, bis man wieder am **Hafen von Herm** ankommt. Hier kann man noch in einem der **Restaurants,** beispielsweise **The Mermaid Tavern** (s. S. 61), einkehren, bevor das Boot zurück nach Guernsey ablegt.

Auf Herm wandert man stets mit schönem Ausblick immer entlang der Küste

Wanderung 5: Sark und Little Sark erkunden

Von dem an der Ostküste gelegenen **Hafen von Sark** folgt man kurz der Straße in den **Ort (The Village).** Bald schon zweigt rechts ein **Steig** ab. Dieser führt **steil und schweißtreibend bergauf,** am Ende wird man jedoch mit einem **fantastischen Ausblick** auf das Meer belohnt.

Nun wandert man nach links ins **Inselinnere** und ignoriert den Abzweig zum Campingplatz. Der Weg führt weiter nach Westen, bis man auf eine Straße trifft, die vom Dorf her kommt. Auf dieser biegt man rechts ab und läuft eine ganze Weile in nördliche Richtung, bis die Straße einen Bogen nach links macht. Hier bewundert man die **schöne Sicht** auf die Nordspitze der Insel. Man geht nach links und bald noch einmal nach links. Die folgende Straße bringt die Wanderer

- **Charakter:** abwechslungsreiche Wanderung, die allerdings etwas Kondition abverlangt. Urlauber, die länger als einen Tag auf Sark bleiben, können die Wanderung auf zwei Tage verteilen oder auch beliebig verlängern.
- **Ausgangs- und Endpunkt:** Hafen von Sark
- **Länge:** 11,2 km
- **Dauer:** ca. 4 Std.
- **Höhenunterschied:** 200 Höhenmeter
- **Einkehr:** im Hathaways (s. S. 69) in La Seigneurie 51 nach einem Drittel, im La Sablonnerie Hotel (s. S. 68) nach zwei Dritteln, im Ortskern kurz vor Ende der Tour (z. B. Nicole's, s. S. 69)
- **Anfahrt:** mit der Fähre vom Hafen Guernsey nach Sark (s. S. 68)

zum **Herrenhaus La Seigneurie** 51 mit seinen lauschigen **Gärten**, die sich besichtigen lassen. Auch eine gemütliche **Einkehrmöglichkeit** im Café **Hathaways** (s. S. 69) gibt es hier.

Anschließend wandert man weiter geradeaus, und zwar hinter der **Kirche.** An der folgenden Kreuzung wendet man sich nach rechts und erreicht bald eine weitere Kreuzung. Hier biegt man links ab in Richtung **La Coupée** 57. Der Weg verläuft gen Süden, vorbei an **Caragh's Chocolates & Tea Garden** (s. S. 69), zum schmalen Übergang nach **Little Sark** 58. Aussichtsreich spaziert man hinüber und folgt der Straße bis zum **La Sablonnerie Hotel** (s. S. 68). Bevor man sich hier einen **Cream Tea** (s. S. 115) gönnt, geht man nach links ein Stück in Richtung Küste und bewundert die **grandiose Panoramasicht** auf das Meer. Hier steht auch der **Little Sark Dolmen** 59, der sich besichtigen lässt.

Steile Hanglage: der Leuchtturm auf Sark

Dann spaziert man zurück zum Hotel und erholt sich im lauschigen Garten. Anschließend wandert man wie auf dem Hinweg zurück bis zu jener Kreuzung, die links zur Kirche und rechts **zurück ins Dorf** führt. Man wählt den Weg nach rechts und flaniert zwischen Häusern hinab zum **Hafen**, dem **Ausgangspunkt** der Wanderung. Hierfür kann man die Straße nutzen oder aber einen Steig, der rechts neben der Straße verläuft. Am Hafen nimmt man die Fähre zurück nach Guernsey.

Wanderung 6: Rundwanderung auf Alderney

Von der **Ortsmitte von St. Anne** 60 wandert man auf der Straße in Richtung Norden hinunter zum **Hafen** und zur **Braye Bay** 63. Entlang des Strandes spaziert man zum östlichen Ende der Bucht, anschließend geht es noch ein Stück auf der Straße, bis man nach links auf den Weg zum **Fort Albert** 64 abbiegt. Dort angekommen, genießt man den **herrlichen Ausblick** auf die Küste und den Hafen. Man

044gu-mm

umrundet das Fort und wandert hinab zur **Saye Bay.** Der Weg bringt die Wanderer im Anschluss zur **Corblets Bay** und weiter nach rechts in Richtung **Mannez Lighthouse** 65. Teilweise muss man dabei auch die Straße benutzen.

> **Charakter:** geruhsame, landschaftliche schöne Strecke, auch für ungeübte Wanderer geeignet. Im Rahmen dieser Wanderung besucht man nur den östlichen Teil Alderneys, aber auch der westliche Teil lohnt eine Erkundung.
> **Ausgangs- und Endpunkt:** Ortszentrum von St. Anne 60
> **Länge:** 9,8 km
> **Dauer:** ca. 3 Std.
> **Höhenunterschied:** 120 Höhenmeter
> **Einkehr:** The Old Barn nach zwei Dritteln des Weges oder The Georgian House (beide s. S. 76) in St. Anne am Ende der Tour
> **Anfahrt:** mit dem Flugzeug oder der Fähre von Guernsey nach Alderney (s. S. 58)

Der wunderschöne **Küstenweg** führt um die **Ostspitze** der Insel herum und dann entlang der **Südküste** bis zur **Longis Bay** 67. Die traumhafte Bucht ist ideal für eine Verschnaufpause und ein (Sonnen-)Bad. Hier lockt zudem das frisch restaurierte **Römische Fort** 68. Im Anschluss folgt man der langen Straße nach St. Anne. Kurz nach der Bucht kommt man an **The Old Barn** (s. S. 76) vorbei, ein einladendes Restaurant, das sich für eine **Einkehr** anbietet.

Nach der Pause spaziert man weiter nach **St. Anne**, der Weg lässt sich problemlos finden – auch dort lässt sich natürlich eine kulinarische Pause einlegen. Hier endet die Wanderung schließlich.

Häuserreihe am Strand: in der Braye Bay 63 *von Alderney*

Weitere Aktivitäten

Golfen

Auf **Guernsey** und **Alderney** kommt der passionierte Golfer auf seine Kosten.

- **Alderney Golf Club** <134> Route de Carrières, Alderney GY93YD, Tel. 01481 822835, www.alderneygolfclub.com. Ein Golfplatz mit wunderbarer Aussicht. Der erste Golfplatz auf Alderney wurde von Soldaten gebaut, die 1900–1932 in Fort Albert und Fort Tourgis stationiert waren. Nach 1932 verfiel der Platz, stattdessen wurde ein Milchbetrieb errichtet. Der heutige Platz wurde 1967 geschaffen und 1970 eröffnet.
- **La Grande Mare Golf Club Guernsey,** zugehörig zum La Grande Mare Hotel (s. S. 56), Tel. 01481 253544, www.lagrandemaregolfclub.com
- **Royal Guernsey Golf Club** <135> L'Ancresse, Vale GY35BY, Tel. 01481 246523, www.royalguernseygolfclub.com
- **The Golf Club** <136> Rohais De Haute, St. Peter Port GY11FD, Tel. 01481 727039, thegolfclub.gg

Klettern, Abseilen und Coastering

Guernsey hat einige großartige Klettermöglichkeiten in allen Schwierigkeitsgraden zu bieten. **Abseilen** wird als separates Erlebnis angeboten.

Beim **Coastering** wird Klettern, ins Wasser springen und Schwimmen durch Höhlen und Schluchten auf eindrucksvolle Weise kombiniert. Dabei erkundet man die spektakuläre Felsküste Guernseys.

Bei den Sportarten kann man sich von **lokalen Guides** begleiten lassen. Ein empfehlenswerter Anbieter ist **Outdoor Guernsey** (s. S. 95).

Auch auf Sark gibt es tolle Möglichkeiten zum Klettern und Coastering, hier sei **Adventure Sark** (s. S. 95) als Veranstalter empfohlen.

Reiten

Reiten ist ein beliebter Sport auf Guernsey. Über **Reitzentren** hat man die Möglichkeit, Kurse und Ausflüge zu buchen. Geritten wird auch im freien Gelände auf Reitwegen und am Strand. Am Strand ist das Reiten von Mai bis Sept. zwischen 10 und 19 Uhr nicht erlaubt.

- **La Carriere Stables** <137> Baubigny, St. Sampson GY24YE, Tel. 01481 249998, www.lacarrierestables.com
- **Melrose Farm Riding School** <138> Rue du Dos-D'Ane, Castel GY57LB, Tel. 01481 252151, www.bhs.org.uk/enjoy-riding/find-a-place-to-ride/centres/mno/melrose-farm-riding-school
- **Otterbourne Riding Centre** <139> Torteval GY80LX, Tel. 01481 263085, www.facebook.com/otterbourneridingcentre

097gu-vg©VisitGuernsey

Feste und Folklore

Auf Guernsey gibt es immer wieder Festivals und Events, deren Besuch sehr lohnend ist. Besonders die Themen Kultur, Wandern und Genuss stehen dabei im Fokus. Auch auf den Nachbarinseln Jersey, Sark und Alderney werden einige interessante Feste veranstaltet.

Mai

- **Liberation Day:** Am 9. Mai erinnert man feierlich an den Tag der Befreiung, als die Kanalinseln von der deutschen Besatzung befreit wurden. 2020 jährte sich das Jubiläum zum 75. Mal. Der Tag der Befreiung wird in St. Peter Port und auf der ganzen Insel mit diversen Veranstaltungen und einem spektakulären Feuerwerk begangen.
- **Guernsey Literary Festival:** Das Literaturfestival findet regelmäßig im Frühjahr in St. Peter Port statt und lockt mit Lesungen, Ausstellungen und Events für Kinder. Infos auf https://guernseyliterary festival.com.

Vorseite: Zeit für eine Auszeit am Kiosk von Port Soif [D2]

- **Spring Walking Festival:** Bei dem zweiwöchigen Festival steht das Wandern im Mittelpunkt. Man kann mit lokalen Guides die Insel erkunden und Alderney sowie Sark besuchen. Für die Touren muss man sich vorab registrieren. Informationen erhält man im Guernsey Information Centre (s. S. 23).
- **Alderney Performing Arts Festival:** Im Rahmen des Festivals der darstellenden Künste lassen sich an einem verlängerten Wochenende Ende Mai Konzerte, Shows, Tanzaufführungen und Workshops besuchen. Manche der Veranstaltungen sind sogar kostenfrei. Näheres unter https://alderneyperformingarts festival.com.

Juni bis August

- **Saffery Rotary Walk:** Diese Veranstaltung, die immer Anfang Juni stattfindet, dient dazu, Gelder für einen guten Zweck zu sammeln. Interessierte Läufer müssen sich rechtzeitig anmelden. Der Lauf umfasst mehr als 62 km und kann auch in einem Team absolviert werden. Weitere Infos: www.safferyrotarywalk.org.gg.
- **Floral Festival:** Jedes Jahr im Juni feiert man auf Guernsey die Blumenwelt. Es ist der Höhepunkt der Blütezeit, involviert sind Gärten, öffentliche Parks und

098gu-vg©VisitGuernsey

Wildparks. Viele Gärten sind dann für die Öffentlichkeit zugänglich.

- **Alderney Food and Drink Festival:** Kulinarische Genüsse stehen im Zentrum dieses Festes auf der Insel Alderney, das jedes Jahr von Ende Juni bis Mitte Juli veranstaltet wird. Nähere Infos: www.visitalderney.com/see-do/events.
- **Torteval Scarecrow Festival:** In der Torteval Church ㉔ findet im Juli oder August das zweitägige Vogelscheuchenfestival statt. Gäste können schlemmen und abstimmen, welche der über 60 ausgestellten Vogelscheuchen ihnen am besten gefällt.
- **Sarkfest:** Das Festival wird im Juli oder August auf der Insel Sark veranstaltet. Geboten werden Musik von Livebands unterschiedlicher Musikrichtungen, Zelte mit Essensständen, Handwerk, Yoga und Chorsingen. Infos unter www.sarksf.com.
- **Jersey Battle of Flowers:** Seit 1902 findet jeden zweiten Donnerstag im August im Rahmen des Blumenfestivals ein großer Umzug statt, bei dem Musiker, Tänzer und Entertainer eine grandiose Atmosphäre schaffen. Weiterführende Infos: www.battleofflowers.com.
- **Guernsey North Show & Battle of Flowers:** Das zweitägige Festival Ende August lockt zahllose Besucher in den Saumarez Park ㊵. Ein kleines Volksfest, das nicht nur Kindern Spaß macht. Näheres unter https://northshow.org.gg.

September bis Dezember

- **Guernsey Air Display:** Die kostenlose Flugshow an einem Tag im September wird bereits seit 40 Jahren über dem Hafen von St. Peter Port abgehalten. Der beste Platz, um die Flugzeuge zu beobachten, ist der kleine Leuchtturm im Hafen. Weitere Infos unter www.guernseyairdisplay.com.
- **Autumn Walking Festival Event:** Das Festival beendet das Wanderjahr auf Guernsey, Sark und Alderney. Es findet im Zeitraum Mitte September bis Anfang Oktober statt. Für Buchungen geführter Touren und weitere Informationen fragt man am besten im Guernsey Information Centre an.
- **Tennerfest:** Über einen Zeitraum von sechs Wochen im Oktober und November treffen sich die Küchenchefs auf den Kanalinseln Guernsey und Jersey, um sich gegenseitig zu übertreffen. Bei dem kulinarischen Festival kann man die leckersten Gerichte zu festgelegten Preisen genießen. Viele Restaurants servieren besondere Menüs mit Fisch und Meeresfrüchten. Näheres unter www.facebook.com/tennerfest.
- **Christmas Market in St Peter Port:** typischer Weihnachtsmarkt, auf dem man wunderschöne Kleinigkeiten aus Guernsey kaufen kann, z. B. handbemalte Teller, selbst gemachte Seifen und Kissen mit dem Motiv der Guernseylilie

Feiertage

- **1. Januar:** New Year (Neujahr)
- **März/April:** Good Friday (Karfreitag), Easter Monday (Ostermontag)
- **9. Mai:** Liberation Day (Tag der Befreiung)
- **erster Montag im Mai:** Early May Bank Holiday
- **letzter Montag im Mai:** Spring Bank Holiday
- **letzter Montag im August:** Summer Bank Holiday
- **25. Dezember:** Christmas Day (1. Weihnachtsfeiertag)
- **26. Dezember:** Boxing Day (2. Weihnachtsfeiertag)

◁ *Blumenschmuck und Fähnchen schmücken die Straßen von St. Peter Port nicht nur während der Festivals*

Guernsey kulinarisch

Guernseys Küche ist eine **gelungene Kombination aus französischen und britischen Einflüssen.** Auch wenn gerade in den Pubs die britische Prägung deutlich erkennbar ist, so ist die Nähe zu Frankreich doch etwas präsenter.

Kulinarische Spezialität Guernseys sind **Meeresfrüchte.** Eine besondere Delikatesse sind **Seeohren** *(ormer),* auch bekannt als **Abalonen.** Diese Seeschnecken heften sich mit Vorliebe an küstennahen Felsen fest. Leider nahm die Population aufgrund ihrer Beliebtheit seit dem 19. Jh. stark ab. Damals konnte man an einem Tag noch 20.000 Seeohren finden. Heute ist das Einsammeln gesetzlich stark eingeschränkt und darf nur zur Zeit der *ormering tide* zwischen dem 1. Januar und 30. April stattfinden. Auch müssen Seeohren mindestens 80 mm Durchmesser haben. Als Strafe drohen sechs Monate Gefängnis oder die Zahlung von 5000 Pfund. Das Seeohr wird in Frischwasser gewässert, die Muschel entfernt, der Saugmuskel gesäubert und danach mit einem Steakhammer bearbeitet. Normalerweise wird das Fleisch dann paniert und gebraten. Man kann Seeohren in einer Kasserole zubereiten, früher hat man sie auch eingelegt. Die Muschel ist ausgesprochen hübsch.

Daneben gibt es wie auf den anderen Kanalinseln weitere Meeresfrüchte wie Jakobsmuscheln *(scallops)* und Austern *(oysters).*

Zudem steht frischer **Fisch** wie Scholle *(plaice),* Seezunge *(sole),* Lachs *(salmon)* und Kabeljau *(cod)* auf der Speisekarte. Kabeljau wird gern für Fish and Chips genutzt.

Natürlich gibt es auch **Fleischgerichte.** Diese werden häufig mit Gemüse und Kartoffeln serviert.

Bean Jar ist eine weitere Spezialität der Insel. Es ist dem französischen *cassoulet* sehr ähnlich. Traditionell wird es langsam und für viele Stunden über dem Feuer gegart. Es enthält Gartenbohnen, Schweinefüße, Karotten und Zwiebeln.

Gache ist ein für Guernsey typisches Früchtebrot.

Eine weitere Besonderheit ist die **Milch der Guernsey-Kühe,** die einen natürlichen Fettgehalt von 5 % hat. Sie ist leicht gelblich und verleiht Butter und Sahne, die zum Cream Tea gereicht wird, ihre besondere Farbe.

Zu einem guten Essen genießt man oft französischen **Wein.** Einheimischer Wein ist dagegen relativ teuer. Vor allem in Pubs wird häufig lokales

068gu-mm

◁ *Lecker: Guernsey Cream Tea*

Bier ausgeschenkt, auch **Cider** wird gerne getrunken.

Den Tag beginnt man mit einem **Full English Breakfast.** Dazu gehören traditionell Eier, Toast, gebratene Würstchen, Pilze, Tomaten, Speck und *baked beans*. Es hält meistens bis zum Nachmittag an, sodass man das Mittagessen getrost ausfallen lassen kann oder nur eine Kleinigkeit zu sich nimmt. Am Nachmittag gönnt man sich einen **Afternoon Tea.** Der **Guernsey Cream Tea** besteht aus Tee, Scones mit roter Marmelade und *clotted cream* (Rahm). Natürlich sollte man bei einem Besuch einen Nachmittagstee versuchen, eine zugegeben üppige Angelegenheit. Mit Sandwiches, Kuchen, Törtchen und Scones ist man am Ende pappsatt. Dazu genießt man Tee oder auf den Kanalinseln auch gerne Kaffee.

Abends geht man dann entweder in eines der guten **Restaurants** auf der Insel oder, wer es einfacher mag, aber nicht weniger lecker, in einen **Pub.** Hier findet man vor allem bodenständige Küche. Meist ist der Essbereich räumlich vom Rest des Lokals getrennt. Man sollte sich nicht wundern, wenn man an der Theke bestellen und vorab bezahlen muss. Die Getränke nimmt man dann selbst mit an den Tisch. Im Pub werden neben traditionellem britischen **Pub Food** wie Fish and Chips, Burger und Steaks auch frischer Fisch sowie Muscheln serviert. Häufig findet sich auch ein Curry-Gericht auf der Karte.

Im Pub erwartet man kein **Trinkgeld.** Im Hotel und Restaurant sind fünf bis zehn Prozent üblich.

Leitungswasser ist problemlos trinkbar. **Rauchen** ist verboten in Pubs, Restaurants und Unterkünften sowie auf öffentlichen Plätzen. Zu den **Öffnungszeiten** s. S. 131.

MEINE TIPPS

Lokale mit guter Aussicht

Direkt am Wasser:

- **Pier 17** (s. S. 26) am Hafen von St. Peter Port
- Terrasse des **The Imperial Hotel** (s. S. 45) an der Rocquaine Bay

Über dem Meer:

- **La Reunion** (s. S. 50) über der Cobo Bay 37
- **Le Gouffre Café and Restaurant** (s. S. 33) an der Südküste bei Forest
- **Moulin Huet Tea Room** (s. S. 34) in der Moulin Huet Bay 19

Lecker vegetarisch

Rein vegetarische Lokale sind auf Guernsey selten. Es gibt aber Restaurants, die gute vegetarische Gerichte auf der Speisekarte haben. Empfehlenswerte Lokale sind z. B.:

- **China Red** (s. S. 25)
- **La Reunion** (s. S. 50)
- **Le Nautique** (s. S. 25)
- **The Oak Restaurant** (s. S. 26)
- **The Taste of India** (s. S. 41)

Was wo kaufen?

Aufgrund der **fehlenden Mehrwertsteuer** (VAT) sind die Produkte auf Guernsey relativ günstig. Zudem hat das britische Pfund in den letzten Jahren an Wert verloren.

Die besten Einkaufsmöglichkeiten hat man in der **Innenstadt von St. Peter Port** (Details s. S. 27).

Sehr schöne **Souvenirs** sind **Guernsey-Pullover.** Diese Wollpullover wurden früher von den Fischern getragen, in jedem Fischereihafen gab es ein eigenes Modell. Sie lassen sich auch heute noch kaufen und eignen sich wunderbar als Andenken. Eine

Auswahl findet man beispielsweise im Geschäft **Le Tricoteur** (s. S. 45) an der Westküste.

Alle Waren für den täglichen Bedarf bekommt man in einem der **Supermärkte.** Für Gemüse und Salate eignen sich außerdem die **Farm Shops (Hofläden)** auf dem Land. Einkaufsmöglichkeiten gibt es über die gesamte Insel verteilt. Empfehlenswerte Geschäfte sind im ersten Teil des Buches bei den jeweiligen Orten unter „Einkaufen" gelistet.

Besonders empfehlenswert ist das **Besucherzentrum Oatlands Village,** in dem es Geschäfte und Attraktionen für Groß und Klein gibt:

› **Oatlands Village** <140> Les Gigands, St. Sampon GY24YT, www.oatlands.gg, je nach Geschäft unterschiedliche Öffnungszeiten, in der Regel tgl. Mit Blumenladen, Juwelier, Fachgeschäft für Stickerei und Drucke, Bastelladen, Geschenkeshop, Spielzeuggeschäft, Spielscheune für Kinder, Minigolfanlage und Café-Restaurant.

Natur erleben

Schon der Name **„Kanalinseln"** ist etwas verwirrend, liegen die Inseln doch nicht direkt im Ärmelkanal, sondern unmittelbar **vor der Küste der Normandie** in Frankreich. Die Entfernung zu Guernseys Küste beträgt gerade einmal 100 Kilometer.

Geologisch sind die Kanalinseln Teil eines riesigen, uralten Gebirgsmassivs, des Variskischen Gebirges, das sich im Paläozoikum vor 550 bis 250 Millionen Jahren auffaltete. Obwohl zu Beginn wahrscheinlich bis zu 4000 m hoch, senkte es sich in der Folge ab und wurde zudem abgetragen.

Die Bucht von St. Malo lag bis Ende der letzten **Eiszeit** (Würm- oder Weichseleiszeit) trocken, da sie sich deutlich über dem Meeresspiegel befand. Durch das Abschmelzen des Eises stieg der Meeresspiegel um etwa 50 m an, zuletzt ragten nur noch die **Berggipfel als Inseln** aus dem Meer. Guernsey wurde um 4000 v. Chr. von der Normandie abgetrennt. Je nach Klimaperiode wechselte die Höhe des Meeresspiegels, sodass die Kanalinseln immer wieder von trockenem Land umgeben waren.

Auf Guernsey brüten viele Vögel, darunter auch Möwen

045gu-mm

Auf der **Südseite** Guernseys findet man eine steil abfallende **Felsküste** vor. Hier sind Klippenwanderungen sehr beliebt und lohnend. Dazwischen erstrecken immer wieder kleine Buchten und Sandstrände. Deutlich sanfter präsentiert sich die **Nordseite**, die **flach** ins Meer ausläuft. Hier gibt es ausgedehnte Sandstrände. Gerade bei **Ebbe** ist es ein einmaliges Erlebnis, über die weitläufigen Strände zu wandern oder zu joggen. Ein besonderes Erlebnis ist eine Wanderung zur Insel Lihou 33, die nur bei Ebbe möglich ist (s. Wanderung 3 auf S. 105).

Der warme **Golfstrom** sorgt für ein mildes, ausgeglichenes Klima. Aufgrund der **klimatischen Begünstigung** findet man auf Guernsey viele **Pflanzen** vor, die eigentlich in Südeuropa beheimatet sind. Die Vielfalt an Pflanzenarten ist außergewöhnlich hoch: Man zählt über 1500 wild wachsende Arten. Im April fängt es überall zu blühen an. Viele Gewächse wurden in Gärten gezüchtet und haben irgendwann den Weg in die freie Natur gefunden. Besonders eindrucksvoll ist die Vegetation an den Steilküsten. Vor allem der **Rote Fingerhut** fällt hier auf. An geschützten Orten wachsen sogar **Palmen.**

Unter Guernseys Bevölkerung gibt es eine Menge eifriger Gärtner und oft sind deren **Gärten** zu besichtigen. Hier erwarten die Besucher unterschiedlichste Rosensorten, Calla, Wysteria (Blauregen), Bougainvillea, Clematis (Waldreben), Malven, Hor-

Papageientaucher

Die hübschen Vögel, die vor Ort „puffin" heißen, gehören zur Familie der Alkenvögel und leben im Nordatlantik, wobei auf den Kanalinseln die südlichste Population dieser Art lebt. Zum Brüten kommen diese mit ihren bunten Schnäbeln entfernt an Clowns erinnernden Vögel an Land.

Der Papageientaucher ist nur etwa 30 cm groß und besitzt eine Flügelspannweite von ungefähr 60 cm. Außerhalb der Brutzeit (Mai/Juni) verbringt er seine Zeit auf dem offenen Meer. Bereits im April verpaaren sich die Vögel und kommen dann an Land, die Kanalinseln verlassen sie dann meist wieder im Juli. Papageientaucher brüten erst, wenn sie sechs Jahre alt sind, und oft kommen sie dafür an den Ort zurück, an dem sie selbst ausgebrütet wurden.

Findet sich keine passende Bruthöhle, graben sie sich selbst eine. Der Bereich sieht dann aus wie von Kaninchenbauten durchlöchert. Die Bruthöhle ist üblicherweise 1 bis 1,50 m tief mit einem Durchmesser von 14 cm und einem Eingangsbereich von bis zu 50 cm. In dieses Nest legt der Vogel nur ein Ei, wobei die Eltern das Ei gemeinsam ausbrüten und das Küken für die folgenden 40 Tage versorgen.

Aufgrund der weltweit stark schrumpfenden Population wird der Papageientaucher von der IUCN als gefährdete Tierart eingestuft. Auf den Kanalinseln dezimieren vor allem Katzen, Ratten und auch Menschen die Populationen erheblich. Auf Guernsey und den zugehörigen Inseln gibt es aber noch deutlich mehr Papageientaucher als auf Jersey, sodass sogar Beobachtungsfahrten von Herm aus angeboten werden (Puffin Patrol, s. S. 61). Auch auf der Alderney vorgelagerten Insel Burhou sind Papageientaucher häufig anzutreffen.

Das Spiel der Gezeiten

Ganz besonders beeindruckend ist der Gezeitenwechsel im Golf von St. Malo. Wer an den Küsten Guernseys den Wechsel zwischen dem harmlosen, weiten Sandstrand und dem brüllenden Meer erlebt, der ist unweigerlich fasziniert.

Dieses Naturschauspiel kann man an allen Weltmeeren in einem Rhythmus von zwölf Stunden und 25 Minuten beobachten. Im Grunde sind die Anziehungskräfte zwischen Erde und Mond sowie Erde und Sonne dafür verantwortlich. Auf der Seite der Erde, die dem Mond zugewandt ist, ist die Anziehungskraft deutlich stärker als am Erdmittelpunkt. Die Erdkruste ist davon nicht betroffen, aber da Wasser flüssig ist, werden die Wassermassen von der Gravitationskraft des Mondes angezogen. Hieraus entsteht auf der dem Mond zugewandten Seite ein Flutberg. Da Erde und Mond sich um eine gemeinsame Achse drehen, entsteht auf der dem Mond abgewandten Seite der Erde als Resultat der Fliehkraft ein zweiter Flutberg. Da sich die Erde parallel zu den obigen Effekten um sich selbst dreht, wechseln Ebbe und Flut, im Englischen „low tide“ und „high tide“, miteinander ab. Man spricht auch von Niedrig- und Hochwasser. Und da sich der Mond innerhalb eines Tages etwas weiter um die Erde bewegt, dauert der Gezeitenwechsel mehr als zwölf Stunden. An Neu- und Vollmond dagegen ist die Flut höher als sonst. Das wiederum liegt an der Anziehungskraft der Sonne. Die Sonne hat eine deutlich geringere Anziehungskraft, da sie so weit entfernt von der Erde ist. Aber zu Voll- und Neumond stehen Sonne, Mond und Erde in einer direkten Linie, und so kommt es zur Verstärkung der Anziehungskräfte und damit zu einem höheren Tidenhub. Der Tidenhub bezeichnet den Unterschied zwischen dem niedrigsten und höchsten Pegelstand. Manchmal sind die Springtiden sehr dramatisch und führen zu Unglücken.

Im Golf von St. Malo kommt noch ein verstärkender Effekt dazu, weshalb die Kanalinseln mit bis zu 12 Meter Tidenhub zu den Rekordhaltern weltweit zählen. Das mit der Flut anbrausende Wasser wird im Golf von St. Malo praktisch gestaut, da es teils auf flache Sandbänke und flachen Meeresboden aufläuft und nach Westen auf die Küstenlinie trifft. Dort wird es gewissermaßen zurückgedrängt und staut sich in der Folge an den Kanalinseln.

Informationen zu den genauen Zeiten von Ebbe und Flut sind auf Guernsey einfach zu bekommen, sei es in Zeitungen, im Internet oder oft an den Badeständen selbst. Das Meer um Guernsey weist aufgrund der oben beschriebenen Effekte viele heimtückische Strömungen auf. Beim Baden sollte man immer auf die Tide achten.

tensien, Kamelien, Magnolien, Azaleen, Rhododendren, Feigen- und Obstbäume sowie weitere oft vor langer Zeit importierte Pflanzen. Wunderschöne und besondere Orchideen züchtet man in **Gewächshäusern.** Da Guernsey ungefähr zwei Grad kälter ist als Jersey, gibt es hier mehr Gewächshäuser als auf der Nachbarinsel. Diese Gewächshäuser werden häufig als „Diamanten der Insel" bezeichnet.

Beim **Wandern** trifft man auf weißes Leimkraut, rote Grasnelken, purpurfarbene Gladiolen und im Frühjahr Veilchen, Primeln und Osterglocken. Butterblume, Schafgarbe, Klee, Glockenblume, Sauerampfer und Nelken erfreuen das Wandererherz und geben bunte Farbtupfer auf Urlaubsfotos.

Lediglich **kleine Wälder** sind auf Guernsey übrig geblieben, da diese durch Besiedelung und Kultivierung zurückgedrängt wurden. Häufig sind Eichen, Buchen, Kastanien, Kiefern und Pinien.

Die Vielfalt der **Tiere** ist nicht so groß wie die der Pflanzen, was an der Zersiedelung der Insel liegt. Frösche und Smaragdeidechsen findet man, vergeblich sucht man jedoch Hasen, Rotwild, Füchse oder Dachse auf Guernsey. **Nutztierhaltung** gibt es seit Jahrhunderten: Schafe für die Wollproduktion und Guernsey-Rinder für die fetthaltige Milch.

Viele **Zugvögel** machen bei ihrem Flug nach Süden oder Norden auf den Kanalinseln Station. Mehr als 100 verschiedene Vogelarten hat man gezählt. Kuckuck, Rotschwänzchen, Weidenlaubsänger, Mönchs- und Gartengrasmücke, Amsel, Bachstelze, Specht, Steinschmätzer, Schwarzkehlchen und Zaunkönig bewohnen Wiesen, Wälder und Gärten Guernseys. Seevögel bevölkern die Küsten, darunter natürlich Möwen, aber auch Seeschwalben, Austernfischer und Brachvögel. Die kleinen **Papageientaucher** (*puffins,* s. S. 117) gibt es zwar, allerdings sind die Bestände sehr klein, wofür gerade umherstreifende Katzen sorgen. Mit ganz viel Glück und einem Fernglas kann man die Tiere mit ihren blau-rot-gelb gefärbten Schnäbeln beobachten, am ehesten im Rahmen einer Kajaktour auf der Nachbarinsel Herm (Puffin Patrol, s. S. 61).

Das **Meer** um das Eiland ist reich an Fisch und anderen Meerestieren. Barsche, Meeräschen, Sand- und Meeraale, Schollen, Seezungen, Brassen und Dorsche sind an den Küsten heimisch. Krabben, Langusten, Hummer, Wellhornschnecken, Seeohren (s. S. 114) und Austern findet man bei Guernsey. Sogar **Delfine** gibt es vor der Küste, die Autoren konnten bei der Überfahrt nach Sark welche beobachten.

Guernsey besitzt Gebiete, die unter die **Ramsar-Konvention** fallen. Das sind die Inseln Lihou (33), L'Erée Headland, Herm, Jethou, The Humps und Alderney. Die Ramsar-Konvention ist ein internationales Übereinkommen zum Schutz von Feuchtgebieten als Lebensraum für Wasser- und Watvögel.

Von den Anfängen bis zur Gegenwart

- Mit dem Ende der letzten **Eiszeit** stieg der Meeresspiegel sukzessive an, weshalb Guernsey als westlichste der Kanalinseln **um 6000 v. Chr.** vom europäischen Festland abgetrennt wurde. Zuvor war der **Ärmelkanal** ein Flussbett gewesen.

Einige Pflanzen und Tiere gibt es deshalb auf Guernsey nicht, wie beispielsweise Kröten, Maulwürfe, Eichhörnchen, Dachse, Füchse und Schlangen. Selbst Hasen brachten die Menschen erst in der Tudor-Zeit auf die Insel.

› Auf Guernsey ist man auf menschliche **Spuren aus der Steinzeit** gestoßen. In der Nähe der kleinen **Insel Jethou** [I4] gibt es einen Ort, der nur selten vom Meerwasser freigegeben wird, an dem man Werkzeuge aus Flint (Feuerstein) fand, deren Alter auf 12.000 Jahre datiert wird. Zu jener Zeit lag der Meeresspiegel noch 125 Meter unter dem heutigen. Auf der **Insel Lihou** (33) entdeckte man bei Ausgrabungen Spuren von Menschen aus der Zeit von 7500 v. Chr. Man förderte zudem Pfeile aus dem **Neolithikum (Jungsteinzeit)** zutage, die in Frankreich hergestellt worden waren – ein Indiz für frühen Handel. Außerdem fand man Steinäxte, die von der Insel Sark stammten. Zu jener Zeit waren Guernsey und Herm noch doppelt so groß wie heute. Bei Ebbe kann man in der Vazon Bay [C3] **Torf** entdecken, ein Überbleibsel einstiger Wälder, die später im Meer versanken. Die Menschen der Jungsteinzeit errichteten wahrscheinlich die **Dolmen** (s. S. 47) **und Menhire** (s. S. 29), die man heute überall auf Guernsey bewundern kann. Die berühmte Menhir-Skulptur **Gran'mère du Chimquière** auf dem Friedhof der St. Martin's Parish Church (11) stammt aus jener Zeit, ebenso wie **eine der ältesten Megalithanlagen Europas** und die älteste der Kanalinseln, der **Dolmen Les Fouaillages** (45) in Vale.

› Funde aus der **Eisenzeit** belegen, dass die Handelswege der **Kelten** auch an Guernsey vorbeiführten. In St. Peter Port gibt es Hinweise auf eine Siedlung aus **römischer Zeit,** bei Ausgrabungen fand man Überreste eines römischen Kanalsystems aus der Zeit von 100 bis 400 n. Chr. Sogar ein Schiffswrack der Römer wurde 1982 in Guernseys Hafen gefunden. Zur damaligen Zeit sprachen die Einwohner der Insel Latein und verehrten römische Gottheiten.

› Deutlich später kam Guernsey unter den Einfluss der **Bretagne.** Mit den Bretonen kam das **Christentum.** Allerdings etablierte es sich erst mit der Ankunft des keltischen Missionars **St. Sampson (Samson von Dol)** in der Bretagne um das Jahr **525.**

› Im Jahr **933** übernahm der **Herzog der Normandie** die Herrschaft über die Kanalinseln. 1028 war Guernsey in zwei große normannische Lehen aufgeteilt. 1066, in der Schlacht von Hastings, fiel **William der Eroberer** als Herzog der Normandie in England ein, womit Guernsey näher an das Inselreich rückte. Guernsey wurde Teil eines großen Königsreichs, das vom Norden Englands bis in den Südwesten von Frankreich reichte. **Benediktinermönche** errichteten damals ein Kloster in Vale und später auch auf Lihou Island. Einige der Kirchen auf Guernsey gehen ebenfalls auf diese Benediktinermönche zurück.

› **1204** eroberte Frankreich das Herzogtum der Normandie. Der Lord der Inseln übergab seine normannischen Siedlungen an Frankreich, die **Kanalinseln** jedoch **verblieben bei der englischen Krone.** König John erkannte die strategische Bedeutung Guernseys und ließ Castle Cornet (1) errichten. In der Folge überfielen die Franzosen die Küste von Guernsey mehrfach und töteten 1294 über 25 % der Bevölkerung von St. Peter Port. Bis in die Mitte des 15. Jh. kam es zu regelmäßigen Invasionen der Franzosen auf dem Eiland.

› **1468** sammelten Guernseys Händler Geld für eine Armee, um Jersey dabei zu unterstützen, die Franzosen aus Mont Orgueil Castle (82) zu vertreiben. Als Gegenleistung verlangten sie vom englischen König Handelszugeständnisse und die Erlaubnis, Wolle zu importieren. Damit etablierte sich die **Textilindustrie,** die in der Folge zum wichtigsten Industriezweig der Insel wurde.

- **1480** erließ der Papst schließlich eine **päpstliche Bulle,** welche Guernsey im Konflikt zwischen Frankreich und England zu neutralem Gebiet erklärte, was den Überfällen Frankreichs ein Ende setzte.
- Unter der Herrschaft von **Maria Tudor (Mary I.)** wurden **1556** drei Frauen aus Guernsey aufgrund ihres protestantischen Glaubens verbrannt. **1558** bestieg **Elizabeth I.** den englischen Thron. Damit verschwand auch auf Guernsey der Katholizismus und mit ihm die Hexenverbrennungen.
- Traditionell sprach man **Französisch,** auch kulturell standen die Insulaner Frankreich nahe. Die höhere Gesellschaft war sich jedoch der Bedeutung bewusst, als englisch anerkannt zu sein. Deshalb errichtete man 1563 das **Elizabeth College,** in dem Jungen in der englischen Lebensweise unterrichtet wurden. St. Peter Port war nun eng verbunden mit der englischen Krone. In dieser Zeit beauftragte man den Militärarchitekten Paul Ivy, Castle Cornet zu renovieren und zu erweitern. Während des **Englischen Bürgerkriegs** (1642–1649) entzweiten sich die Insel und der Gouverneur der Festung. Ab 1642 befanden sich die Insulaner mit ihrer Inselregierung nahezu neun Jahre im Krieg, bis sich der Gouverneur Peter Osborne schließlich ergab.
- **1681** endete das Privileg der Neutralität. Die **Handelskriege** zwischen England und Frankreich gingen an den Kanalinseln nicht spurlos vorbei. Um die Schiffe der Royal Navy zu entlasten, erlaubte die britische Regierung **Freibeuterei** mithilfe des **„Letter of Marque"** – so konnte man Schiffe kapern, ohne als Pirat zu gelten. Guernseys Familien waren mit Eifer dabei. Manche behaupten, die Insulaner hätten mehrere Millionen Pfund von französischen und amerikanischen Schiffen erbeutet. Daneben war **Schmuggel** eine der Haupteinnahmequellen, den die Insulaner aber *Free Trade* nannten. Zu jener Zeit lebte mehr als die Hälfte der Einwohner Guernseys in St. Peter Port.
- Als **1775** der **Amerikanische Unabhängigkeitskrieg** ausbrach, witterte Frankreich seine Chance, sich am englischen Königshaus zu rächen. Deshalb wurde Frankreich ein Alliierter der amerikanischen Unabhängigkeitsbewegung. In der Folge befürchteten die dem englischen Königshaus gegenüber loyalen Kanalinseln eine Invasion der Franzosen. Auf Guernsey begann man deshalb mit dem Bau von 15 Verteidigungstürmen an den Küsten (s. S. 35).
- In den **Napoleonischen Kriegen** (ca. 1800–1815) behielt Guernsey seine strategische Rolle. Der neue Gouverneur John Doyle rief 1803 ein Programm ins Leben, um sich gegen Frankreich verteidigen zu können: Es wurden Straßen gebaut, Sümpfe trockengelegt und die Verteidigungstürme instand gesetzt sowie weiter befestigt. Um 1850 erreichte der **Schiffbau** seinen Höhepunkt: Von St. Peter Port bis St. Sampson wurden Werften errichtet. Schiffe importierten Tee aus China und Kaffee aus Costa Rica.
- **1855** kam der Schriftsteller **Victor Hugo** (s. S. 19) nach Guernsey, nachdem er aus Frankreich geflohen und von der Insel Jersey vertrieben worden war.
- Im **19. Jh.** reisten erstmals britische **Touristen** auf die Kanalinseln, der erste Reiseführer erschien 1834. Als ein regelmäßiger Schiffsverkehr von England nach Guernsey einsetzte, gab es regelrechte Besucherstürme.
- Eine radikale Veränderung brachte die Entwicklung der **Dampfschiffe.** Die lokale Schiffbauindustrie verlor an Bedeutung,

der Export von verderblichen Produkten stieg jedoch rapide an. In der Folge vergrößerte man den Hafen und ermöglichte somit den Export von Trauben, Blumen und später **Tomaten,** die man noch im frühen 19. Jh. für nicht essbar hielt. Berichte in medizinischen Journalen aus den 1870er-Jahren schrieben ihnen eine große Bedeutung zu und so kamen sie in Mode. Ab 1884 wurden Anbau und Verarbeitung von Tomaten zum bedeutenden Wirtschaftszweig.

- **1939** wurde der **Flughafen** von Guernsey eröffnet.
- Als die Deutschen im **Zweiten Weltkrieg** Frankreich besetzten, wurde offensichtlich, dass eine Invasion möglich war. Also traf man Vorkehrungen, die Bevölkerung Guernseys zu evakuieren. Viele verließen ihr Heim und flohen nach Großbritannien. Es gab kein Militär in Guernsey, aber die Tomaten-Lastwagen, die am Hafen auf ihre Verladung warteten, sahen aus der Luft wie Munitionstrucks aus, weshalb im **Juni 1940 Bomben auf den Hafen** fielen.
- Am **1. Juli 1940** begann die **Besatzung** durch die Deutschen. In dieser Zeit wurde Guernsey zuerst von England und später von Frankreich abgeschottet. Die deutschen Streitkräfte deportierten einige Insulaner in südwestliche Lager, nahe Biberach an der Riß. Auch der spätere **Bailiff** (Staatsbeamter und oberster Richter) von Guernsey, **Sir Sherwill,** wurde verschleppt. Drei jüdische Insulaner wurden nach Frankreich und von dort nach Auschwitz deportiert, wo sie ermordet wurden. Auf Alderney mussten Zwangsarbeiter vier Konzentrationslager für verschleppte Osteuropäer errichten. Während der Besatzungszeit wurde Guernsey stark befestigt. Die **Verteidigungsanlagen** sind noch heute sichtbar. Hitler war besessen von der Idee, dass die Alliierten die Inseln zu jedem Preis zurückerobern wollten. Daher wurden 20 % der Materialien für den **Atlantikwall** auf den Kanalinseln verbaut.
- Als die deutschen Streitkräfte 1944 von den Versorgungslinien abgeschnitten wurden, brach eine **Hungersnot** auf Guernsey aus, in deren Folge das Rote Kreuz Essenspakete auf die Insel brachte.
- Am **9. Mai 1945** befreiten britische Streitkräfte Guernsey. Der **Liberation Day** wird seitdem jedes Jahr gefeiert.
- Nach der Befreiung mussten **Industrie und Infrastruktur** dringend **wieder aufgebaut** werden. Ab 1951 wurden erneut Tomaten angebaut. Im Juni 1955 exportierte man innerhalb einer Woche über 793.000 Spankörbe mit Tomaten. Bis in die 1960er-Jahre bildete der Gartenbau die Grundlage der Inselwirtschaft. Danach zwangen günstiger Wettbewerb und hohe Ölpreise diesen Wirtschaftszweig in die Knie.
- **1959** wurde der **Investment Trust** von Guernsey gegründet, der die Basis für die heutige Finanzindustrie bildet.
- Heute werden zwar immer noch Blumen und Tomaten angebaut, jedoch ist das **Finanzwesen** der bedeutendste Wirtschaftszweig. Die Kanalinseln waren vor dem **Brexit** kein EU-Mitglied, gehörten aber zum Zollgebiet der EU, weshalb die Europäische Union keinen Einfluss auf Guernseys Steuergesetze hatte und die Insel ein Paradies für Banker und Spitzenverdiener wurde. Im Rahmen der Affäre um die **Panama Papers** wurde 2016 bekannt, dass auf Guernsey über 7000 Offshore-Unternehmen registriert sind. Da sie nicht Teil der EU sind, durften die Bewohner Guernseys 2016 nicht beim Referendum über den **EU-Austritt Großbritanniens** abstimmen.

In der **Coronakrise** war die Einreise nach Großbritannien und damit auch nach Guernsey nicht oder nur erschwert möglich. Das wirkte sich negativ auf den Tourismus aus.

PRAKTISCHE REISETIPPS

099gu-vg©VisitGuernsey

An- und Rückreise

Mit dem Flugzeug

Normalerweise wird Guernsey von Berlin, Hamburg, Düsseldorf und München aus direkt angeflogen. Coronabedingt fanden diese Flüge zuletzt nicht statt. Für Flüge von anderen deutschen Flughäfen muss man immer umsteigen. Derzeit fliegt man mit **Umstieg in London oder Manchester.** Aus **Österreich** erreicht man Guernsey vom Flughafen Wien, in der Regel mit Umstieg in London. **Schweizer** reisen von Zürich oder Genf aus nach Guernsey. Auch hier gibt es in der Regel eine Zwischenlandung in London.

Guernsey Airport [D5] liegt in der Gemeinde Forest, ca. 5 km südwestlich von St. Peter Port.

Für den Transfer vom Flughafen zur Unterkunft bietet sich ein **Taxi** an. Das dauert je nach Lage der Unterkunft bis zu 45 Minuten. Eine Taxifahrt kostet £ 20–30.

Eine weitere Möglichkeit ist die Weiterreise per **Bus.** Der Flughafen wird täglich von ca. 6.30 bis 22 Uhr von verschiedenen Buslinien angefahren: Die **Linien 71, 93 und 95** fahren nach St. Peter Port (93 deckt zusätzlich den Inselsüden ab). Die **Linien 91 und 92** umrunden die Insel jeweils. Da es sich häufig um Rundfahrten handelt, achtet man besser darauf, dass man in die gewünschte Richtung einsteigt, sonst gondelt man einmal um die Insel, bis man sein Ziel erreicht hat. Je nach gewählter Linie dauert die Fahrt mindestens eine halbe Stunde.

› www.airport.gg

Mit Auto und Fähre

Eine Alternative ist die Anreise mit dem Auto **via Frankreich** nach **St. Malo** an der französischen Atlantikküste. Von dort setzt man mit der **Fähre** nach St. Peter Port auf Guernsey über. Manchmal muss man einen **Zwischenhalt auf der Insel Jersey** einlegen. Die Anfahrt nach St. Malo dauert zum Beispiel von Hannover oder Stuttgart 11–12 Stunden. Die Fährüberfahrt ist in 2–3 Stunden geschafft, ja nachdem, ob ein Zwischenstopp auf Jersey geplant ist. Für zwei Personen inklusive Auto zahlt man ca. 160 € je Strecke.

Für den Weg vom Fährterminal bis zum **Busbahnhof Town Terminus** benötigt man zu Fuß ca. 15 Minuten (von dort Weiterfahrt mit dem Bus, s. S. 133). Weitere Infos zu den Verbindungen:

› www.directferries.com

Mit Zug und Fähre

Eine weitere Alternative ist die Anreise mit dem Zug **über Paris und Rennes** nach St. Malo. Die Fahrt mit dem Zug von Köln oder Frankfurt dauert rund 7–8 Stunden.

Autofahren

Hat man Guernsey mit dem Flugzeug erreicht, lohnt sich das Anmieten eines Mietwagens nicht. Die Insel ist nicht besonders groß und mit einem sehr guten Linienbusnetz (s. S. 133) abgedeckt, sodass man sich **gut ohne Auto** fortbewegen kann.

‹ Vorseite: Gute Busverbindungen vereinfachen das Reisen auf Guernsey

› Die kleine Fähre (s. S. 61) verkehrt zwischen Guernsey und der Insel Herm

Ist man mit dem eigenen Pkw auf der Fähre angereist, sollte das Auto nicht zu groß sein. Die **Straßen** sind relativ schmal und recht verkehrsreich. Gerade auf Nebenstrecken ist Vorsicht geboten, denn dort gibt es häufig kaum Ausweichmöglichkeiten. Die Insulaner sind ausgesprochen höfliche Autofahrer, die gerne die Vorfahrt gewähren – dies sollte man sich direkt abschauen. Üblich ist es dann, sich zu grüßen.

Auf Guernsey besteht **Linksverkehr**, was besondere Vorsicht erfordert. Auf Landstraßen gilt eine **Höchstgeschwindigkeit** von 40 mph (64 km/h), innerhalb geschlossener Ortschaften 30 mph (48 km/h). In den **Ruettes Tranquilles**, den verkehrsberuhigten Sträßchen, in denen Fußgänger, Radfahrer und Reiter Vorrang haben, gilt eine Höchstgeschwindigkeit von 15 mph (24 km/h).

Im **Kreisverkehr** haben Fahrzeuge innerhalb des Kreises Vorfahrt. Kommt man an eine Straßenmündung mit doppelter Linie, so muss man dort anhalten, bevor man weiterfährt.

Parkverbote sind durch gelbe Linien gekennzeichnet. Das Parken im öffentlichen Raum ist normalerweise kostenfrei, außer am Flughafen. Allerdings sind viele Parkplätze als **„Disc Zone"** ausgewiesen, für die man eine Guernsey-Parkscheibe benötigt. Die Schilder zeigen an, wie lange man dort jeweils parken darf. Auf der Parkscheibe gibt man exakt Stunde und Minute der Ankunft an. Ab 18 Uhr darf das Auto auch bis zum nächsten Morgen stehen bleiben. An Sonn- und Feiertagen gibt es häufig keine Beschränkungen.

Die **Guernsey-Parkscheibe** bekommt man eventuell auf Nachfrage beim Autovermieter oder beim Vermieter der Unterkunft. Alternativ kauft man sie für £ 2.75 im **Guernsey Information Centre** (s. S. 23) in St. Peter Port oder in der **Polizeistation** (Guernsey Police Headquarters, s. S. 130). Auch viele Supermärkte bieten diese an.

Der europäische **Führerschein** berechtigt zum Führen eines Fahrzeugs.

Beim **Tanken** gilt: Benzin, Diesel und Super sind identisch mit den Sor-

024gu-mm

ten auf dem europäischen Festland und aufgrund der steuerlichen Vorteile oft günstiger als dort.

Die **Promillegrenze** liegt bei 0,8 Promille.

Barrierefreies Reisen

Viele **Hotels, Restaurants** und **Sehenswürdigkeiten** sind gut für die Bedürfnisse von Menschen mit Mobilitätseinschränkungen eingerichtet. Auch die meisten **Busse** sind barrierefrei, im Bus wird die nächste Haltestelle angesagt. **Fußgängerampeln** geben akustische Signale. Für **Behindertenparkplätze** erhält man einen Parkausweis, der europäische Ausweis ist gültig. Mit einem Behindertenparkausweis kann man in allen Kurzzeitparkplätzen bis zu zwei Stunden parken. **Rollstühle** kann man bei Guernsey Mobility ausleihen:

- Guernsey Mobility, Tel. 01481 765917, www.guernseymobility.gg

Diplomatische Vertretungen

Es gibt auf Guernsey zwar einen deutschen Honorarkonsul, in Notfällen muss man sich aber an die Botschaft in London wenden.

- **Botschaft der Bundesrepublik Deutschland,** 23 Belgrave Square/Chesham Place, London SW1X8PZ, Tel. +44 20 78241300, www.uk.diplo.de
- **Österreichische Botschaft,** 18 Belgrave Mews West, London SW1X8HU, Tel. +44 20 73443250, www.bmeia.gv.at
- **Schweizer Botschaft,** 16–18 Montagu Place, London W1H2BQ, Tel. +44 20 76166000, www.eda.admin.ch, Helpline EDA Tel. +41 800 247365

Einreisebestimmungen

EU-Bürger benötigen einen **Reisepass** (Personalausweis reicht nicht).

Aufgrund der **Corona-Pandemie** ändern sich die Einreisebestimmungen häufig und kurzfristig. Für die Einreise nach Guernsey wird aktuell eine Registrierung bei **Travel Tracker** verlangt. Reisewillige informieren sich am besten regelmäßig auf den Websites des Auswärtigen Amtes und der Regionalregierung Guernseys.

- https://traveltracker.gov.gg
- www.auswaertiges-amt.de/de/aussenpolitik/laender/grossbritannien-node/grossbritanniensicherheit/206408
- https://covid19.gov.gg/guidance/travel

Elektrizität

Die **Netzspannung** beträgt 240 Volt, wobei auch die bei uns üblichen 220-Volt-Geräte angeschlossen werden können. Man findet meistens **zweipolige Stecker**, manchmal aber auch **dreipolige.** Es empfiehlt sich auf alle Fälle, einen **Adapter** mitzunehmen. Dieser kann aber auch in Supermärkten auf der Insel erworben werden.

Geldfragen

Guernsey besitzt **eigene Banknoten und Münzen,** die dem britischen Pfund (Pound) gleichgestellt sind. **Guernsey- und Jersey-Pfund** (£) sind an das britische Pfund gekoppelt. 100 Pence entsprechen 1 Pfund.

Mit der **Girocard** oder der **V-PAY-Karte** kann man an Bankautomaten rund um die Uhr Bargeld abheben, zusätzlich empfiehlt sich die Mitnahme einer **Kreditkarte.**

Wechselkurs

- £ 1 = 1,18 €
- 1 € = £ 0,85
- £ 1 = 1,26 SFr
- 1 SFr = £ 0,79 £

(Stand: Ende 2021)

Unterkünfte und Gastronomie sind auf der Insel nicht gerade günstig. In einfachen Hotels und Guesthouses kostet eine Übernachtung oft £ 40. Nach oben hingegen sind keine Grenzen gesetzt. Beim Essengehen kann man sich günstig von Fish and Chips (ab £ 5) ernähren, aber auch deutlich edler (und teurer) in feinen Restaurants speisen. Für einen Cream Tea (s. S. 115) gibt man ca. £ 10 aus.

Umrechnungskurs am Geldautomaten

Beim Abheben von Bargeld in Landeswährung wird manchmal angeboten, dass die Abrechnung mit dem eigenen Konto in Euro erfolgen kann. Das Verfahren ist als **Dynamic Currency Conversion (DCC)** bekannt. Wählt man diese Option, die ja sicherer erscheint, wird aber ein ungünstiger Wechselkurs zugrundegelegt, der erhebliche Kosten verursachen kann. Deshalb sollte man Abhebungen immer in der Landeswährung vom eigenen Konto abbuchen lassen. Dann legt die eigene Bank den offiziellen Devisenkurs zugrunde.

Hunde

Guernseys Bewohner gelten als sehr **hundefreundlich.** Hunde müssen bei der Einreise über einen Mikrochip und einen EU-Haustierpass verfügen und gegen Tollwut geimpft sein, die Erstimpfung muss mindestens 21 Tage vor Einreise erfolgt sein. Ein bis fünf Tage vor der Einreise muss der Hund gegen bestimmte Bandwürmer behandelt werden. Einige Hunderassen dürfen nicht eingeführt werden. Vor der Einreise muss man eine Erklärung unterschreiben, aus der der Ort hervorgeht, an dem der Hund gehalten wurde. Das entsprechende Formular bekommt man bei der Fährgesellschaft.

- **Weitere Infos:** www.gov.gg/pettravelscheme

Es gibt strenge Auflagen bzw. Bußgelder für das **Hinterlassen von Hundekot** auf Gehsteigen oder in Parks. Lassen Sie Ihren Hund nie unbeaufsichtigt und legen Sie ihm ein Halsband mit Adresse an. Eine Unterkunft, die das Mitbringen von Hunden erlaubt, sollte einfach zu finden sein. Dagegen dürfen Hunde nur sehr sel-

Guernsey preiswert

- **Busfahrten** sind relativ günstig, empfehlenswert ist der **Puffinpass** (s. S. 133).
- Wer einen preiswerten Urlaub verbringen will, der bucht eine **Ferienwohnung** und **kocht selbst,** da das Essen in den Restaurants vergleichsweise teuer ist.
- Außerdem gibt es den **Discovery Pass,** der u. a. freien Eintritt in Castle Cornet 1, Guernsey Museum 5 und Fort Grey 30, freien Eintritt für Kinder und weitere Rabatte gewährt. Er kostet £ 20 und ist zwölf Monate gültig. Details finden sich unter www.museums.gov.gg/DiscoveryPass.

ten in Restaurants, Pubs, Cafés oder Geschäfte mitgenommen werden. Auch beim Besuch der meisten Sehenswürdigkeiten ist das Mitbringen von Hunden verboten. Die Mitnahme in Bussen ist grundsätzlich möglich, jedoch hat hierbei der Fahrer das letzte Wort.

Weiterhin gilt es zu beachten, dass an den folgenden **Stränden** von Mai bis September **Hunde nicht erlaubt** sind: Fermain Bay 17, Petit Bôt Bay 23, L'Erée Bay [B4], Vazon Bay [C3], Cobo Bay 37, Port Soif [D2] und L'Ancresse/Pembroke Bay [F1]. Hunde dürfen zudem Spielplätze, die La Valette Bathing Pools 8, diverse Parks und die Inseln Herm sowie Lihou 33 nicht betreten.

Informationsquellen

Infostelle auf der Insel

Die **Tourismusinformation** von Guernsey befindet sich in der Inselhauptstadt **St. Peter Port** (Guernsey Information Centre, s. S. 23).

Guernsey im Internet

- **www.visitguernsey.com/de:** offizielle Website von Guernsey, auch in deutscher Sprache, mit Links zur Buchung von Aktivitäten, Unterkünften und Restaurants
- **www.buses.gg:** Website von Buses Guernsey, auf der man die Busfahrpläne abrufen kann

Unsere Literaturtipps

- Gerald Basil Edwards: **„The Book of Ebenezer Le Page"**, erschienen 1981, nur auf Englisch. Es beschreibt die fiktive Autobiografie eines Mannes aus Guernsey vom Ende des 19. Jh. bis in die 1960er-Jahre.
- Victor Hugo: **„Das Teufelsschiff"**, auch bekannt als **„Die Arbeiter des Meeres"**, erschienen 1866. Roman um einen Fischer, eine tragische Liebe und eine dramatische Rettungsaktion. Schauplatz ist Guernsey, das Buch wurde auch verfilmt.
- Charlotte Link: **„Die Rosenzüchterin"**, Blanvalet. In dem spannenden Krimi mietet eine Berlinerin auf Guernsey ein altes Rosenzüchterhaus und freundet sich mit der Vermieterin an, die eine geheimnisvolle, dunkle Vergangenheit hat.
- Roy McLoughlin: **„Britische Inseln untem Hakenkreuz"**, Ch. Links Verlag. Das Buch berichtet über die deutsche Besatzung auf den Kanalinseln zwischen 1940 und 1945. Umfangreiches Bildmaterial und Augenzeugenberichte verleihen ihm Authentizität. Anschaulich werden die Auswirkungen jedes Kriegsjahres auf die Bevölkerung dargestellt.
- Janina und Markus Meier: **„Kanalinseln – 32 Wanderungen im Rhythmus der Gezeiten"**, Conrad-Stein-Verlag. Ein Wanderführer zu den Kanalinseln von den Autoren dieses InselTrips.
- Mary Ann Shaffer und Annie Barrows: **„The Guernsey Literary and Potato Peel Pie Society"**, auf Deutsch erschienen als **„Deine Juliet"**. Das derzeit bekannteste Buch zur Insel, das im Jahr 2018 auch verfilmt wurde. Der Briefroman führt seine Leser in die Epoche der deutschen Besatzung und die Nachkriegszeit.

- **www.gov.gg:** offizielle Website der Inselregierung mit aktuellen Infos zu Einreise, Brexit etc.
- **www.nationaltrust.gg:** Der National Trust kümmert sich seit 1960 um die Bewahrung des historischen Erbes und der Natur Guernseys. Die Website liefert Infos zu Museen und historischen Orten, listet Touren und schlägt Spaziergangsrouten vor.
- **www.museums.gov.gg:** Übersicht zu Guernseys Museen und Galerien

Publikationen und Medien

Die Landkarte **„Official Leisure Map"** im Maßstab 1:25.000 eignet sich gut zur Erkundung der Insel. Sie zeigt alle Wanderwege, ist aber auch gut für Autofahrer geeignet.

Smartphone-Apps

- **Guernsey Buses:** offizielle App der Verkehrsbetriebe Guernseys mit Liniennetz, Busfahrplänen und Reiseplaner (kostenlos für Android und iOS)
- **Guernsey Potato Peel Pie Society Interactive Tour:** App zu den Handlungsorten des gleichnamigen Bestsellerromans (s. S. 128)

Internet

In den meisten Unterkünften wie Hotels, Pensionen und Cottages gibt es **kostenfreies WLAN.** Auch in vielen Restaurants und Cafés auf der Insel kann man kostenlos und drahtlos im Internet surfen.

048gu-mm

Wegweiser wie hier auf Herm bieten Besuchern auf den Kanalinseln Orientierung

LGBT+

Seit 2017 ist die gleichgeschlechtliche Ehe auf Guernsey erlaubt. Grundsätzlich ist die Stimmung gegenüber LGBT+ auf der Insel freundlich. Einmal im Jahr im September findet die **Channel Island Pride** abwechselnd auf den Inseln Guernsey und Jersey statt, 2022 ist Guernsey an der Reihe. Nähere Infos:

- www.channelislandspride.org

Maße und Gewichte

Auf den Kanalinseln gilt, genauso wie in Großbritannien, seit 1995 das **metrische System.** Einzige Ausnahmen sind das Pint für das Bier und die Angabe von Entfernungen in Meilen statt in Kilometern. Folgende Maßeinheiten werden angewendet:

- 1 pound = 454 g
- 1 pint = 0,568 l
- 1 mile = 1,61 km
- 1 yard = 91,44 cm
- 1 foot = 30,48 cm
- 1 inch = 2,54 cm

Medizinische Versorgung

Eine europäische Krankenversicherung gilt auf Guernsey nicht. Daher müssen Medikamente und ein Arztbesuch direkt bezahlt werden. Es empfiehlt sich, vor Reiseantritt eine **Auslandsreisekrankenversicherung** abzuschließen. Die medizinische Versorgung mit **Ärzten** und **Apotheken** *(pharmacies)* ist gut. In Notfällen sollte man das **Princess Elizabeth Hospital** in der Gemeinde St. Andrew aufsuchen. Es ist ca. drei Kilometer vom Zentrum von St. Peter Port entfernt.

› **Princess Elizabeth Hospital** <141> Rue Mignot, St. Andrew GY68TW, Tel. 01481 725241, www.healthcare.gg/princess-elizabeth-hospital, Buslinien 61, 71 und 81

Mit Kindern unterwegs

Die Kanalinseln sind bei Familien mit Kindern ein beliebtes Reiseziel, denn die vielen **flachen, sauberen Sandstrände** sind ideal zum Baden und Spielen. Als besonders familienfreundlich gelten die Strände der Petit Bôt Bay 23, Cobo Bay 37, Vazon Bay [C3] und Ladies Bay [F1]. Einige **Hotels** haben sich auch gut auf die kleinen Gäste eingestellt. Viele Touristenattraktionen verfügen zudem über **Kinderspielplätze**, zum Beispiel der Saumarez Park 40.

Im **Castle Cornet** 1 in St. Peter Port können sich Kinder als Ritter oder Burgfräulein verkleiden. Für ältere Kinder ist eine **Kajaktour auf der Insel Herm** sehr spannend, besonders, wenn sie dabei Papageientaucher zu Gesicht bekommen (Puffin Patrol, s. S. 61).

In Sausmarez Manor 12 verkehrt ein kleiner **Minizug** für Kinder (s. S. 31).

An Regentagen empfiehlt sich **Oaty & Joey's Playbarn** im Erlebniszentrum Oatlands Village. In der Spielscheune kann sich der Nachwuchs den ganzen Tag lang austoben: beim Klettern oder Rutschen, im Hindernisparcours oder auf dem Trampolin.

› **Oaty & Joey's Playbarn**, im Oatlands Village (s. S. 116), www.oatlands.gg/oaty-joeys-playbarn, Tel. 01481 241643, tgl. 9–17.30, Fr bis 20 Uhr

› **Weitere Tipps:** https://guernseywithkids.com

Notfälle

Die allgemeinen **Notrufnummern** für Feuerwehr, Polizei und Arzt lauten 999 oder 112.

Die **Polizei** in Guernsey erreicht man unter der Telefonnummer 725111.

■ **Guernsey Police Headquarters** <142> Hospital Lane, GY12QN St. Peter Port, Tel. 01481 222222

Kartensperrung

Bei **Verlust der Debit-/Giro-, Kredit-** oder **SIM-Karte** gibt es für Kartensperrungen eine **deutsche Zentralnummer** (unbedingt vor der Reise klären, ob die eigene Bank bzw. der jeweilige Mobilfunkanbieter diesem Notrufsystem angeschlossen ist). **Aber Achtung:** Mit der telefonischen Sperrung sind die Bezahlkarten zwar für die Bezahlung/Geldabhebung mit der PIN gesperrt, nicht jedoch für das **Lastschriftverfahren mit Unterschrift.** Man sollte daher auf jeden Fall den Verlust zusätzlich **bei der Polizei zur Anzeige bringen**, um gegebenenfalls auftretende Ansprüche zurückweisen zu können.

In **Österreich** und der **Schweiz** gibt es keine zentrale Sperrnummer, daher sollten sich Besitzer von in diesen Ländern ausgestellten Debit- oder Kreditkarten vor der Abreise bei ihrem Kreditinstitut über den zuständigen Sperrnotruf informieren.

Generell sollte man sich immer die **wichtigsten Daten** wie Kartennummer und Ausstellungsdatum **separat notieren**, da diese unter Umständen abgefragt werden.

› **Deutscher Sperrnotruf:** Tel. +49 116116 oder Tel. +49 3040504050
› **Weitere Infos:** www.kartensicherheit.de, www.sperr-notruf.de

Öffnungszeiten

Normalerweise haben **Geschäfte** montags bis samstags zwischen 9 und 17.30 Uhr geöffnet. Häufig gibt es eine Mittagspause von ein bis zwei Stunden. Manche **Supermärkte** haben bis 21 oder sogar 22 Uhr geöffnet.

Restaurants und Pubs haben in der Regel von 12 bis 14 und ab 18 Uhr geöffnet. Meist ist die Küche nur bis 20 Uhr in Betrieb. Oft ist am Sonntagabend geschlossen.

Post

Guernsey gibt **eigene Briefmarken** heraus. Die Hauptpost befindet sich in St. Peter Port, aber auch in den kleineren Orten gibt es Postfilialen. Das **Porto** für Briefe und Postkarten nach Mitteleuropa kostet £ 1,70. Einen frankierte Sendung kann man auch in einen der vielen typischen **dunkelblauen Briefkästen** einwerfen.

› **Hauptpost Guernsey** <143> La Vrangue, St. Peter Port GY1 1AA, www.guernseypost.com, Mo–Fr 8.30–17, Sa 8.30–12 Uhr

Sprache

Viele Jahre war **Französisch** die dominierende Sprache auf der Insel. Daher sind viele Straßen- und Ortsnamen französisch. Heute ist **Englisch** die offizielle Sprache, mit der man sich problemlos verständigen kann. Daneben gibt es mit **Guernésiais** eine Mundart der früher hier gesprochenen normannischen Sprache. Dieser spezielle Dialekt ist allerdings vom Aussterben bedroht.

Das kleine Kino von Alderney zeigt nicht jeden Tag Vorstellungen

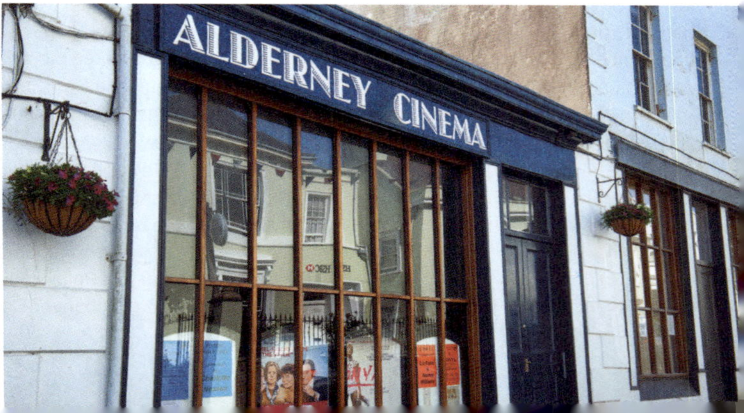

049gu-mm

Telefonieren

Die Netzabdeckung für Mobilfunkgeräte ist sehr gut. Normalerweise bieten die Unterkünfte **WLAN** an. Die Nutzung einer **mobilen Datenverbindung** ist häufig mit hohen Kosten verbunden, da die EU-Roaming-Verordnung für Guernsey nicht gilt. Man sollte daher vor der Reise bei seinem Netzbetreiber Informationen über evtl. günstigere Auslandsdatenpakete einholen. Auch eine vor Ort erworbene **Prepaid-Karte** kann eine Alternative sein. Wer auf Nummer sicher gehen will, sollte die Mobile-Daten-Option deaktivieren und nur über kostenlose WLAN-Netze ins Internet gehen.

In diesem Buch sind die Telefonnummern immer mit der jeweiligen Ortsvorwahl, aber ohne die Ländervorwahl von Großbritannien angegeben.

Vorwahlen

- **Großbritannien:** 0044
- **Deutschland:** 0049
- **Österreich:** 0043
- **Schweiz:** 0041

Touren

Auf Guernsey lassen sich **Busrundfahrten** zu den wichtigsten Sehenswürdigkeiten unternehmen. Diese dauern einen halben oder ganzen Tag. Auch Ausflüge zu den Nachbarinseln Herm und Sark werden von den Veranstaltern organisiert. Empfehlenswerte Anbieter:

- **Intransit Limited,** Tel. 01481 245845, www.intransit.gg
- **Island Coachways,** Tel. 01481 720210, www.icw.gg

Geführte Wanderungen lassen sich z.B. mit Guernsey Guided Tours unternehmen. Auf der Website lassen sich auch Tourguides individuell buchen, drei von ihnen bieten ihren Service in deutscher Sprache an.

- **Guernsey Guided Tours,** Tel. 01481 723552, www.guernseyguidedtours.com

Tipps und Infos für **Reisen zu den Nachbarinseln Herm, Sark und Alderney** stehen im Kapitel ab S. 57, für einen **Ausflug nach Jersey** sind Details ab S. 77 zu finden.

Uhrzeit

Es gilt die **Westeuropäische Zeit,** somit ist es ganzjährig **eine Stunde früher** als in Mitteleuropa. Wie in Großbritannien werden Uhrzeiten wie beispielsweise Öffnungszeiten mit a.m. (*ante meridiem,* also vor 12 Uhr mittags) und p.m. (*post meridiem,* also nach 12 Uhr mittags) angegeben.

Unterkunft

Auf Guernsey gibt es alle Arten von Unterkünften, vom einfachen **Cottage** bis zum exquisiten **Luxushotel,** auch **Bed and Breakfast, Apartmentanlagen** mit Pools und **Campingplätze.** Bei den Orten im ersten Teil des Buches sind jeweils empfehlenswerte Unterkünfte angegeben. Viele der Hotels findet man auf den bekannten Buchungsportalen. Auf der **Website des Tourismusverbands** lässt sich eine große Auswahl an Unterkünften anzeigen und buchen, darunter viele Cottages:

- www.visitguernsey.com/accommodation

Buchungsportale
Neben Buchungsportalen für **Hotels** (z. B. www.booking.com, www.hrs.de oder www.trivago.de) bzw. für **Hostels** (z. B. www.hostelworld.de) gibt es auch Anbieter, bei denen man **Privatunterkünfte** buchen kann. Portale wie www.airbnb.de, www.wimdu.de oder www.9flats.com vermitteln Wohnungen, Zimmer oder auch nur einen Schlafplatz auf einer Couch. Diese oft recht günstigen Übernachtungsmöglichkeiten sind nicht unumstritten, weil manchmal normale Wohnungen gewerblich missbraucht werden. Einige Regierungen greifen deshalb regulierend ein.

Verkehrsmittel

Busse

Zur Fortbewegung auf der Insel ist das lokale **Busnetz** von Buses Guernsey sehr gut geeignet. Es gilt als verlässlich und günstig. **Busfahrpläne** erhält man auf der Website, über die gleichnamige App (s. S. 129) und in gedruckter Form im Guernsey Information Centre (s. S. 23) in St. Peter Port. Auf der Website der Verkehrsbetriebe gibt es eine **Kartenübersicht,** die die Lage der wichtigsten Sehenswürdigkeiten und ihre Erreichbarkeit per Bus anzeigt.

› www.buses.gg/routes_and_times/journey_planner

Die Inselhauptstadt ist das Verkehrszentrum Guernseys. Am **Town Terminus,** dem zentralen Busbahnhof, starten die Busse, die über die gesamte Insel fahren. Die **Buslinien 91 und 92** verkehren als **Ringlinie** rund um Guernsey. Generell fahren die Busse ab 7 Uhr morgens bis 20 Uhr am Abend im Halb- bzw. Stundentakt. **Fahrpläne** findet man auf der Website. Bustickets kauft man entweder am Town Terminus Shop in St. Peter Port oder im Bus. Eine einfache Fahrt von A nach B kostet £ 1, ein **Tagespass** £ 5.

Empfehlenswert ist der aufladbare **Puffinpass.** Man kauft ihn entweder in einem Shop in der Nähe des Town Terminus in St. Peter Port, im Guernsey Information Centre, am Flughafen oder online. Der Pass ist entweder sieben oder 31 Tage gültig. Er ist für £ 15 zu haben, der Betrag gilt als Guthaben und jede Fahrt kostet nur 60 Pence. Aufladen lässt sich der Puffinpass direkt im Bus, im erwähnten Shop oder online.

› http://buses.gg/shop

Taxis

Taxis bucht man am besten vorab. Oft kann man mit Kredit- oder Debitkarte sowie mit Apple Pay gegen Gebühr bezahlen. Dies klärt man am besten vor der Fahrt bzw. bei der Buchung. Eine **Liste** mit verschiedenen **Taxiunternehmen** findet man auf der Website des Tourismusverbands:

› www.visitguernsey.com/travel/taxis

Wetter und Reisezeit

Der milde **Golfstrom** sorgt für ein **ausgeglichenes Klima,** sodass es keine extremen Temperaturunterschiede zwischen Sommer und Winter gibt. Frost oder gar eine geschlossene Schneedecke sucht man auf Guernsey meist vergeblich. Selten sind die Sommertage unerträglich heiß. Die durchschnittliche Höchsttemperatur beträgt in den **Sommermonaten** 20 °C. Juli und August sind die wärmsten Monate, aufgrund der hohen Luftfeuchtigkeit ist die gefühlte Temperatur jedoch deutlich höher. Der **Wind** bläst mitunter recht stark, weshalb man die starke Sonne gerne mal unterschätzt. Im **Winter** fallen die Temperaturen kaum unter 8 °C.

An Guernseys Wetterstation l'Ancresse werden im Schnitt rund 1940 Sonnenstunden im Jahr gemessen, ein hoher Wert. Von März bis Oktober ist mit viel Sonnenschein zu rechnen, besonders im Juni, Juli und August. Natürlich fällt auch **Regen**, ansonsten könnte die Vegetation nicht so üppig wachsen. Mehrere Regentage hintereinander sind aber die Ausnahme, eher gibt es **schnelle Wetterwechsel**. In den Wintermonaten von November bis Februar sind die Niederschläge allerdings deutlich häufiger. Insgesamt fällt aber weniger Niederschlag als in Deutschland.

Die **Hauptreisezeit** erstreckt sich von Mai bis Oktober. Im August ist es aufgrund der britischen Ferien ziemlich voll. Daher empfiehlt es sich, eher im Frühjahr (Mai/Juni) oder im Herbst (September) nach Guernsey zu reisen. Eine Regenjacke gehört genauso ins Reisegepäck wie Sonnencreme.

Die **Wassertemperatur** steigt nicht über recht frische 20 °C, meist liegt sie noch darunter. In der Badesaison im Sommer sind die Strände von Rettungsschwimmern *(lifeguards)* bewacht.

Tiden-/Gezeitenplan

Da es absolut wichtig ist, die Zeiten von Ebbe und Flut zu kennen, sollte man sich einen Tidenplan besorgen. Dieser ist zum Baden und für Strandwanderungen unerlässlich. Ein bei Ebbe traumhafter Strand ist bei Flut aufgrund des brüllenden Meeres gar nicht wiederzuerkennen. Der Tidenplan findet sich in Guernseys Tageszeitung „Guernsey Press". Vermieter oder Hotel helfen gerne weiter. Im Guernsey Information Centre (s. S. 23) liegen Tidenpläne aus oder man schaut im Internet unter:

› www.gov.gg/tides

Durchschnitt	Wetter auf Guernsey											
Maximale Temperatur	9°	8°	11°	13°	16°	19°	21°	21°	19°	16°	12°	10°
Minimale Temperatur	5°	4°	6°	7°	10°	13°	15°	15°	14°	11°	8°	6°
Regentage	19	15	13	12	11	10	11	12	15	15	17	19
Wassertemperatur	10°	9°	9°	9°	11°	13°	15°	16°	16°	15°	13°	11°
	Jan	Febr	März	Apr	Mai	Juni	Juli	Aug	Sept	Okt	Nov	Dez

☒ Skulptur im Park von Sausmarez Manor 12

046gu-mm

Kleine Sprachhilfe

Die folgenden Wörter und Redewendungen wurden dem Reisesprachführer „Englisch – Wort für Wort" (Kauderwelsch-Band 64) aus dem Reise Know-How Verlag entnommen.

Häufig gebrauchte Wörter und Redewendungen

Zahlen

1	(wann)	*one*
2	(tuh)	*two*
3	(ðrih)	*three*
4	(fohr)	*four*
5	(feiw)	*five*
6	(ßikß)	*six*
7	(ßäwèn)	*seven*
8	(äit)	*eight*
9	(nein)	*nine*
10	(tänn)	*ten*
11	(ihläwèn)	*eleven*
12	(twälw)	*twelve*
13	(ðörtihn)	*thirteen*
14	(fohrtihn)	*fourteen*
15	(fifftihn)	*fifteen*
16	(ßikßtihn)	*sixteen*
17	(ßäwèntihn)	*seventeen*
18	(äitihn)	*eighteen*
19	(neintihn)	*nineteen*
20	(twänntih)	*twenty*
30	(ðörtih)	*thirty*
40	(fohrtih)	*forty*
50	(fifftih)	*fifty*
60	(ßikßtih)	*sixty*
70	(ßäwèntih)	*seventy*
80	(äitih)	*eighty*
90	(neintih)	*ninety*
100	(hanndrid)	*hundred*

Die wichtigsten Zeitangaben

yesterday	(jäßtèrdäi)	gestern
today	(tuhdäi)	heute
tomorrow	(tuhmohrrou)	morgen
last week	(lahßt wihk)	letzte Woche
in the morning	(in ðè mohrning)	morgens
in the afternoon	(in ðih_ ahftèrnuhn)	nachmittags
in the evening	(in ðih_ ihwèning)	abends
Sunday	(ßanndäi)	Sonntag
Monday	(manndäi)	Montag
Tuesday	(tjuhsdäi)	Dienstag
Wednesday	(wännsdäi)	Mittwoch
Thursday	(ðörsdäi)	Donnerstag
Friday	(freidäi)	Freitag
Saturday	(ßättèrdäi)	Samstag

Die wichtigsten Fragewörter

who?	(huh)	wer?
what?	(wott)	was?
where?	(wäèr)	wo?/wohin?
why?	(wei)	warum?
how?	(hau)	wie?
how much?	(hau matsch)	wie viel? (Menge)
how many?	(hau männih)	wie viele? (Anzahl)
when?	(wänn)	wann?
how long?	(hau long)	wie lange?

Die wichtigsten Richtungsangaben

on the right	(on ðè reit)	rechts
on the left	(on ðè läfft)	links
to the right	(tuh ðè reit)	nach rechts
to the left	(tuh ðè läfft)	nach links
turn right/left	(törn reit/läfft)	rechts/links abbiegen
straight on	(ßträjt on)	geradeaus
in front of	(in front_off)	gegenüber
outside	(autseid)	außerhalb
inside	(inseid)	innerhalb
here	(hi-èr)	hier
there	(ðäèr)	dort
up there	(ap ðäèr)	da oben
down there	(daun ðäèr)	da unten
nearby	(nihrbei)	nah, in der Nähe
far away	(fahr èwäi)	weit weg
around the corner	(raund ðè kohrnèr)	um die Ecke

+++ Die wichtigsten Wörter mit dem Bonus-Audiotrack des Kauderwelsch-

Die wichtigsten Floskeln und Redewendungen

yes	(jäß)	ja
no	(nou)	nein
thank you	(ðänk_juh)	danke
please	(plihs)	bitte
Good morning!	(gudd mohrning)	Guten Morgen!
Good evening!	(gudd ihwèning)	Guten Abend!
Hello! / Hi!	(hällou/hei)	Hallo!
How are you?	(hau ah juh)	Wie geht es Ihnen/dir?
Fine, thank you.	(fein ðänk_juh)	Danke gut.
Goodbye!	(gudd bei)	Auf Wiedersehen!
Have a good day!	(häw_è gudd däi)	Einen schönen Tag!
I don't know.	(ei dount nou)	Ich weiß nicht.
Cheers!	(tschiers)	Prost!
The bill, please!	(ðè bill plihs)	Die Rechnung, bitte!
Congratulations!	(kongrätschuläischènß)	Glückwunsch!
Excuse me!	(ikßkjuhs mih)	Entschuldigung!
I'm sorry.	(eim ßorrih)	Tut mir leid!
It doesn't matter.	(itt dahsnt mättèr)	Das macht nichts.
What a pity!	(wott_è pittih)	Wie schade!

Die wichtigsten Fragen

Is there a/an ... ?	(is ðäèr è/ènn ...)	Gibt es ...?
Do you have ... ?	(duh juh häw ...)	Haben Sie ...?
Where is/are ... ?	(wäèr is/ah ...)	Wo ist/sind ... ?
Where can I ... ?	(wäèr kähn_ei)	Wo kann ich ... ?
How much is it?	(hau matsch is_itt)	Wie viel kostet das?
What time?	(wott teim)	Um wie viel Uhr?
Can you help me?	(kähn juh hällp mih)	Können Sie mir helfen?
Is there a bus to ... ?	(is ðäèr è_baß tuh ...)	Gibt es einen Bus nach ...?
How are you?	(hau ah juh)	Wie geht es dir/Ihnen?
What's your name?	(wotts juhr näim)	Wie heißt du/heißen Sie?
How old are you?	(hau ould ah juh)	Wie alt bist du/sind Sie?
Where do you come from?	(wär duh juh kamm fromm)	Woher kommen Sie?
Excuse me?	(ikßkjuhs mih)	Wie bitte?

Nichts verstanden? – Weiterlernen!

I don't speak English.	(ei dount spihk in-glisch)	Ich spreche kein Englisch.
Pardon?	(pahdèn?)	Wie bitte?
I don't understand.	(ei dount andèrständ)	Ich habe nicht verstanden.
Do you speak German?	(duh juh spihk dschörmèn?)	Sprechen Sie Deutsch?
How do you say that in English?	(hau duh juh säi ðät in in-glisch?)	Wie heißt das auf Englisch?
What does it mean?	(wott dahs_itt mihn?)	Was bedeutet das?

AusspracheTrainers auf PC oder Smartphone lernen (siehe Umschlag hinten) +++

Das ist
noch nicht alles!
Mehr Reise Know-How gibt es hier:
www.reise-know-how.de
@ReiseKnowHow
@reiseknowhowverlag
@Reise_KnowHow
auf www.reise-know-how.de
für den Newsletter anmelden
Zugspitze, Foto: Aneta Niemitz
Reisen mit Know-How!

Register

Mauern mit Geschichte: die mittelalterliche St. Apolline Chapel 35

100gu-mm

Impressum

Janina und Markus Meier

InselTrip Kanalinsel Guernsey

1. Auflage 2022

ISBN 978-3-8317-3346-0

Druck und Bindung:
mediaprint solutions GmbH, Paderborn

Herausgeber: Klaus Werner, Ulrich Kögerler
Layout: amundo media GmbH (Umschlag, Inhalt), Peter Rump (Umschlag)
Lektorat: amundo media GmbH
Karten: Ingenieurbüro B. Spachmüller, amundo media GmbH
Anzeigenvertrieb: KV Kommunalverlag GmbH & Co. KG, Alte Landstraße 23, 85521 Ottobrunn, Tel. 089 928096-0, info@kommunal-verlag.de
Kontakt: Osnabrücker Str. 79, 33649 Bielefeld, info@reise-know-how.de

Bildnachweis
Umschlagvorderseite und Umschlagklappe rechts: Janina und Markus Meier | Umschlagrückseite: Visit Guernsey
Soweit ihre Namen nicht vollständig am Bild vermerkt sind, stehen die Kürzel an den Abbildungen für die folgenden Fotografen, Firmen und Einrichtungen. Janina und Markus Meier: mm | stock.adobe.com: as | Visit Guernsey: vg
Angela Hammer: ah

Guernsey mit PC, Smartphone & Co.

QR-Code auf dem Umschlag scannen oder **www.reise-know-how.de/inseltrip/guernsey22** eingeben und die **kostenlose Web-App** aufrufen (Internetverbindung zur Nutzung nötig)!

★**Anzeige der Lage und Satellitenansicht aller** beschriebenen Sehenswürdigkeiten und weiteren Orte
★**Routenführung** vom aktuellen Standort zum gewünschten Ziel
★**Exakter Verlauf** der empfohlenen Wanderungen und Radtouren
★**Audiotrainer** der wichtigsten Wörter und Redewendungen
★**Updates** nach Redaktionsschluss

GPS-Daten zum Download

Die GPS-Daten aller Ortsmarken, Wanderungen und Radtouren können hier geladen werden: www.reise-know-how.de, dann das Buch aufrufen und zur Rubrik „Datenservice" scrollen.

Inselplan für mobile Geräte

Um den Inselplan auf Smartphones und Tablets zu nutzen, empfehlen wir die App „Avenza Maps" der Firma Avenza™. Über die Funktion „Store" kann die „Islandmap Guernsey 2022" kostenlos geladen werden.

Die Web-App und der Zugriff auf diese über QR-Codes sind eine freiwillige, kostenlose Zusatzleistung des Verlages. Der Verlag behält sich vor, die Bereitstellung des Angebotes und die Möglichkeit der Nutzung zeitlich und inhaltlich zu beschränken. Der Verlag übernimmt keine Garantie für das Funktionieren der Seiten und keine Haftung für Schäden, die aus dem Gebrauch der Seiten resultieren. Es besteht ferner kein Anspruch auf eine unbefristete Bereitstellung der Seiten.

Zeichenerklärung

- Sehenswürdigkeit
- Arzt, Krankenhaus
- Aussichtspunkt
- Burg, Fort
- Campingplatz
- Denkmal
- Flughafen
- Golfplatz
- Hafen
- Höhle
- Leuchtturm
- Kapelle
- Museum
- Sehenswertes
- Strand
- Turm

- Stadtspaziergang St. Peter Port (s. S. 16)
- Wanderungen 1 bis 4 (s. S. 103)
- Radtour 1 (s. S. 98)
- Radtour 2 (s. S. 99)
- Radtour 3 (s. S. 100)
- Radtour 4 (s. S. 101)

- Unterkünfte
- Essen und Trinken
- Einkaufen/Sonstiges
- Aktiv
- Nachtleben

Bewertung der Attraktionen

★★★ nicht verpassen
★★ besonders sehenswert
★ wichtig für speziell interessierte Besucher